Build It!

Make Supercool Models with Your Favorite LEGO® Parts

CHRISTMAS

Jennifer Kemmeter

G
GRAPHIC ARTS
BOOKS®

Contents

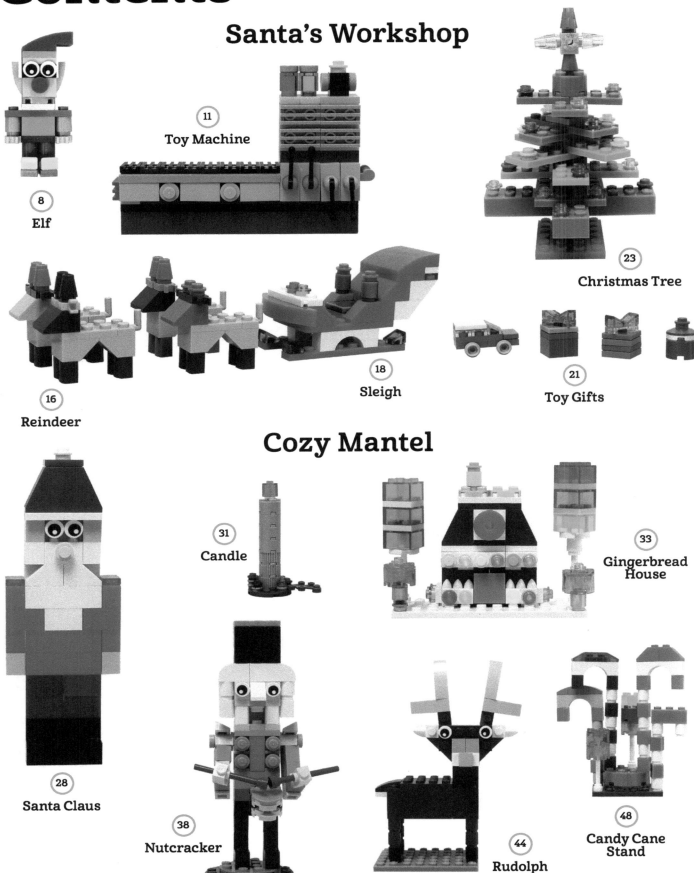

Santa's Workshop

Cozy Mantel

Winter with Friends

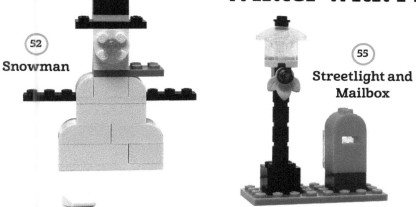

52
Snowman

55
Streetlight and Mailbox

57
Mail Sled

59
Standing Dog

61
Bobsled

64
Market Stall

The Night Before Christmas

70
Small Christmas Tree

75
Fireplace with Stockings

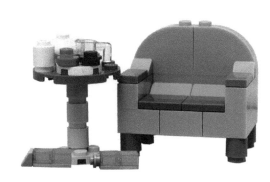

78
Chair and Snacks

73
Toys Under the Tree

81
Sleeping Dog

How to Use This Book

Build a Sleigh

What you will be building.

A photo of what your finished Sleigh will look like.

An illustration of the finished Sleigh that looks like the pictures in the steps.

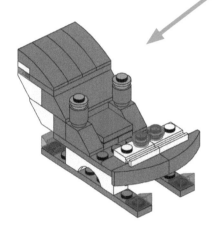

All the pieces you will need to build the model are listed at the beginning of each of the instructions.

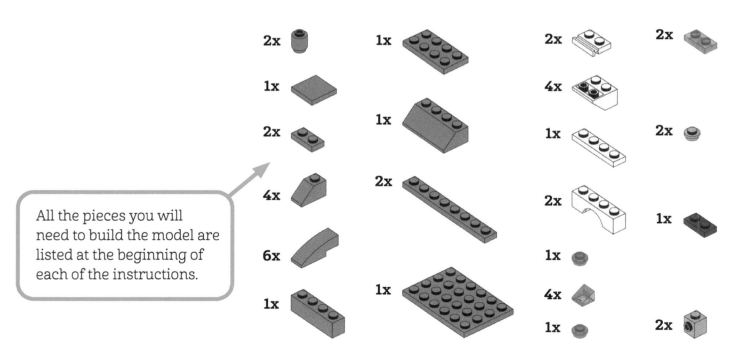

2x   1x   2x   2x

1x   4x

2x   1x   1x   2x

4x   2x   2x   1x

6x   1x

1x   1x   4x

1x   2x

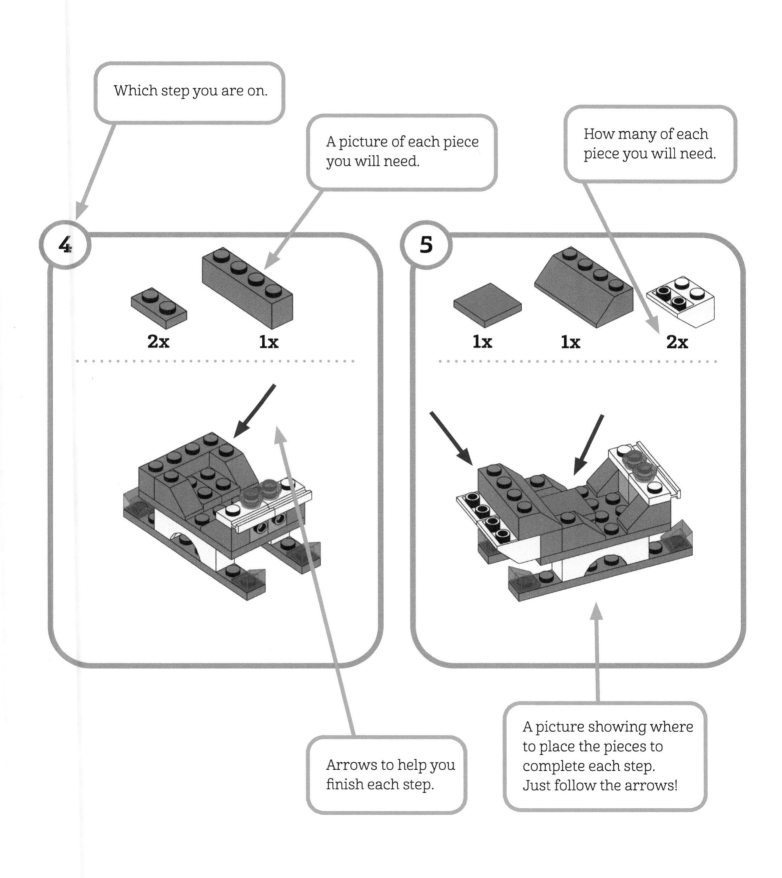

Which step you are on.

A picture of each piece you will need.

How many of each piece you will need.

4

2x 1x

5

1x 1x 2x

Arrows to help you finish each step.

A picture showing where to place the pieces to complete each step. Just follow the arrows!

Santa's Workshop

Elf

Toy
Machine

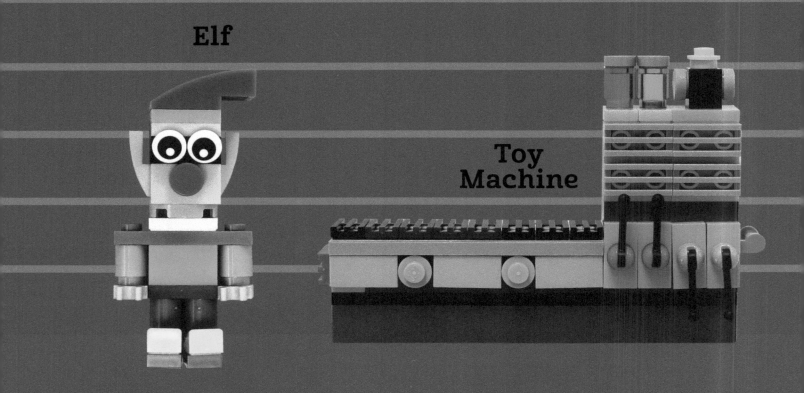

Sleigh

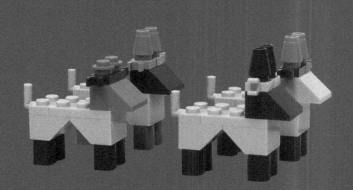

Reindeer

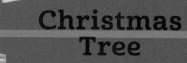

Christmas Tree

Toy Gifts

Build an Elf

1x

2x

2x

1x

2x

2x

2x

1x

1x

1x

2x

1x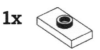

1x

2x

1x

1x

2x

1x

1x

1x

1x

1x

1x

2x

2x

1

2x   2x   2x

8

2

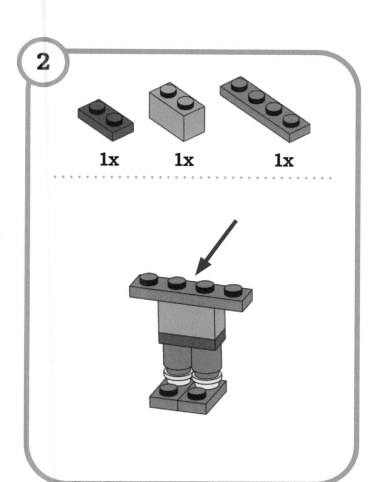

1x   1x   1x

3

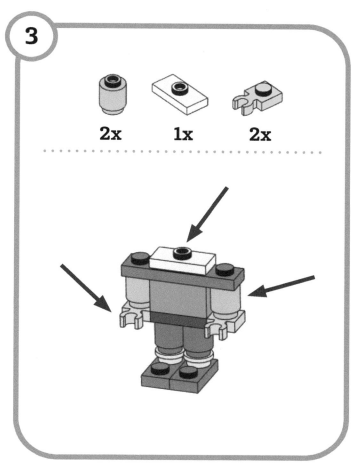

2x   1x   2x

4

1x   1x   2x

5

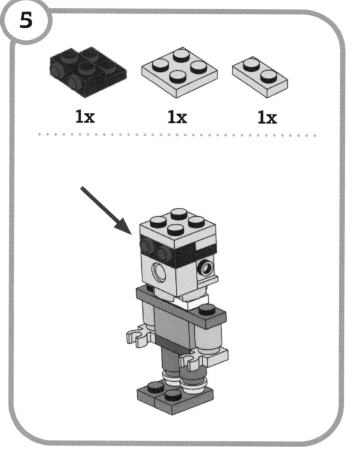

1x   1x   1x

6

1x 1x 2x

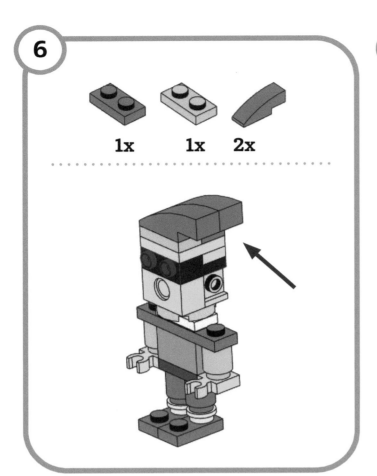

7

2x 1x

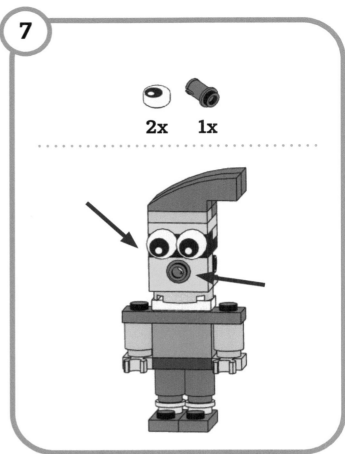

8

2x 2x 1x

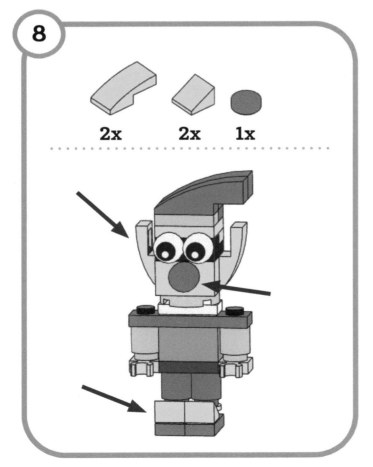

Build a Toy Machine

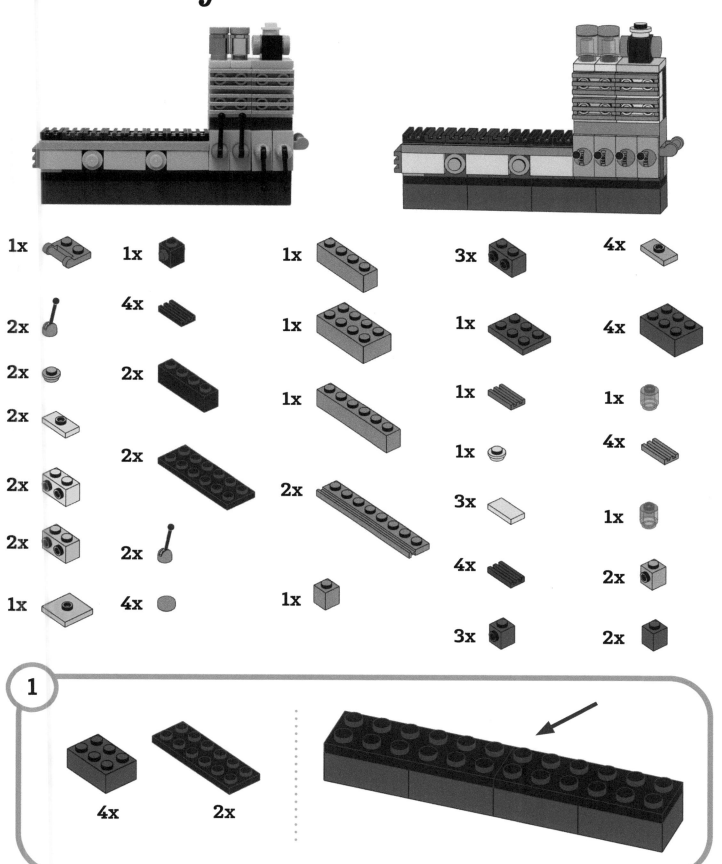

1x 2x 2x 2x 2x 2x 1x

1x 4x 2x 2x 2x 4x

1x 1x 1x 2x 1x

3x 1x 1x 1x 3x 4x 3x

4x 4x 1x 4x 1x 2x 2x

1

4x   2x

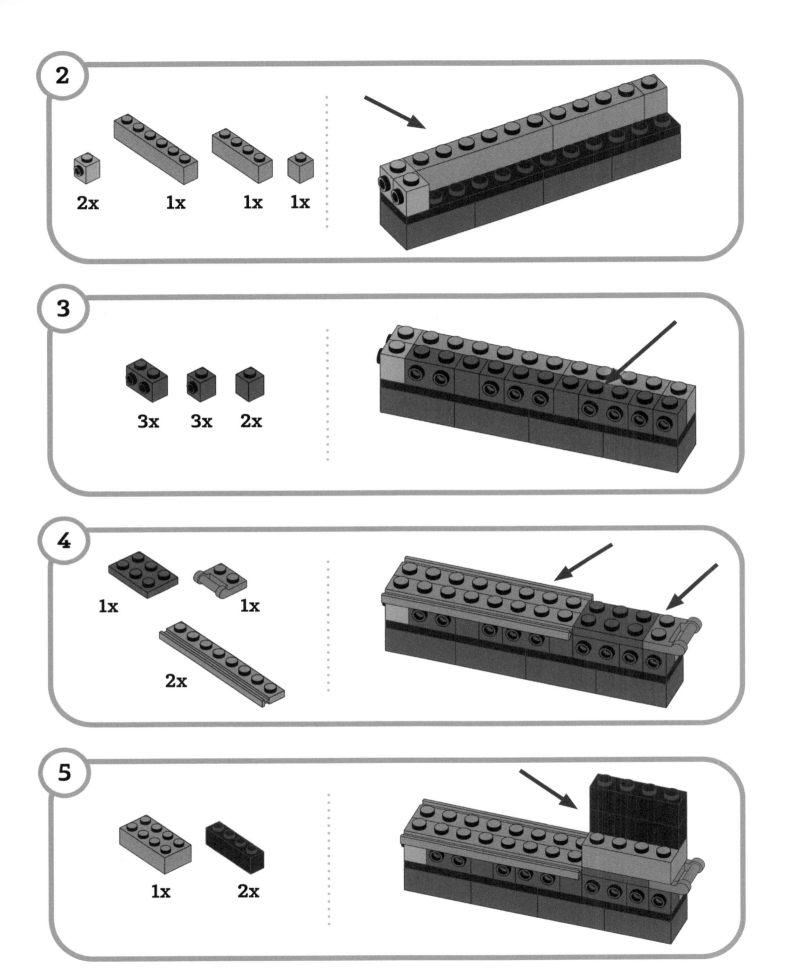

2   2x   1x   1x   1x

3   3x   3x   2x

4   1x   1x   2x

5   1x   2x

6

2x   2x

7

2x   1x

8

4x   1x

4x   4x

9

1x 1x 1x 4x 1x

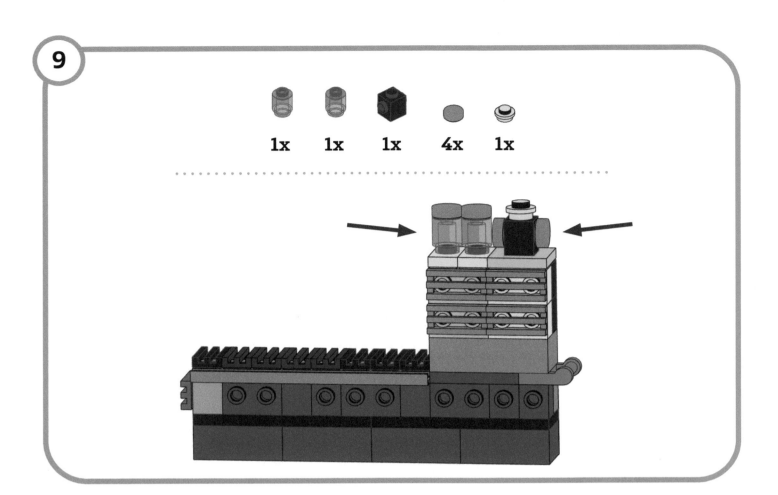

10

3x 2x

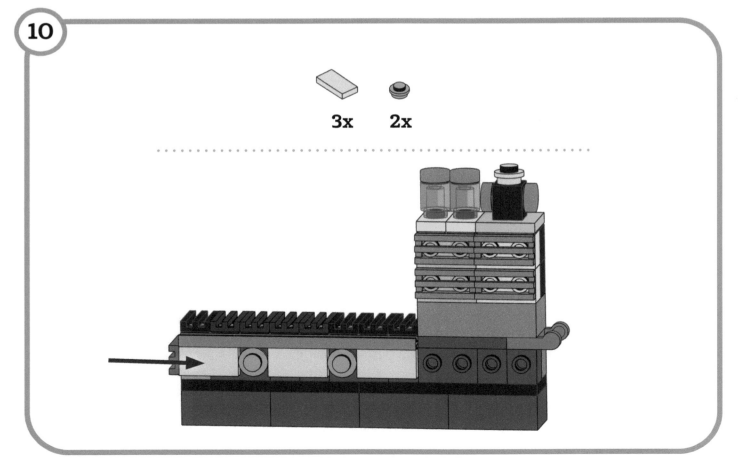

11

4x

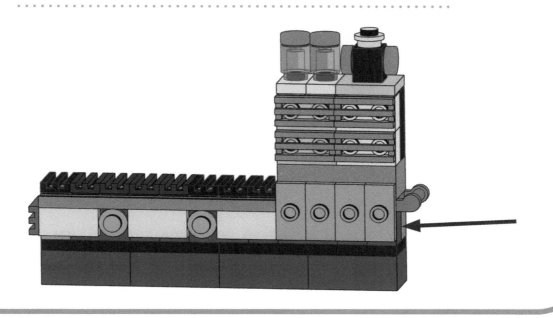

12

2x   2x

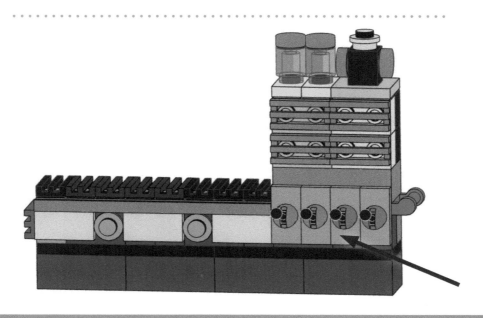

15

Build Reindeer

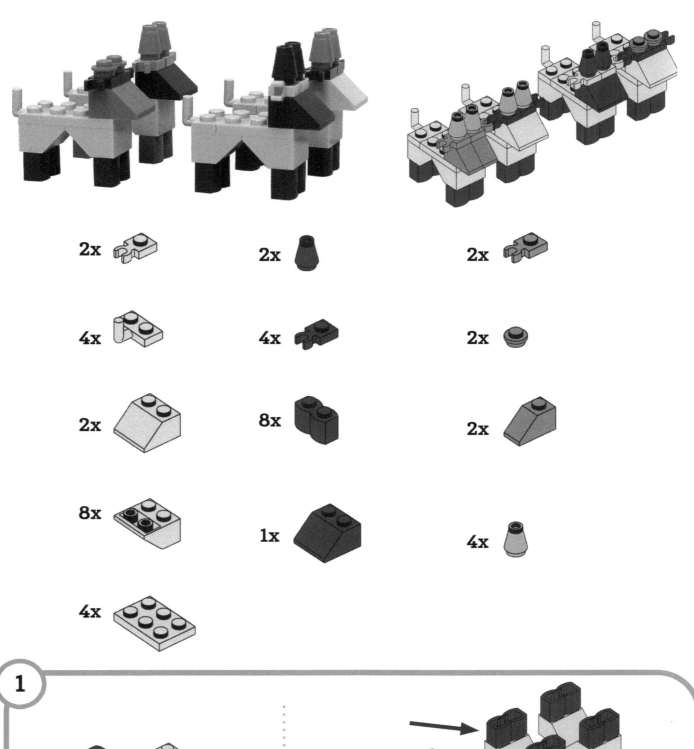

2x ⬡
2x ⬡
2x ⬡

4x ⬡
4x ⬡
2x ⬡

2x ⬡
8x ⬡
2x ⬡

8x ⬡
1x ⬡
4x ⬡

4x ⬡

1

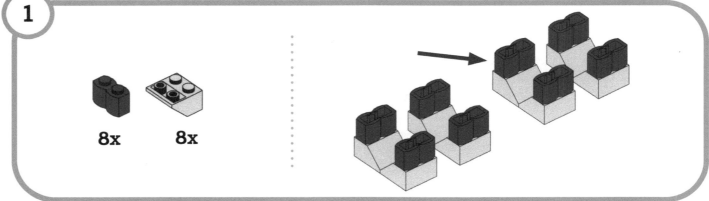

8x   8x

2

4x 4x

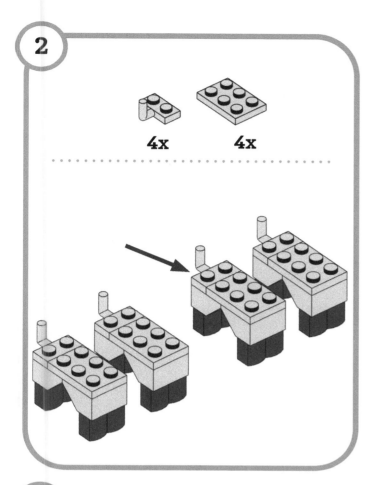

3

2x 2x 1x

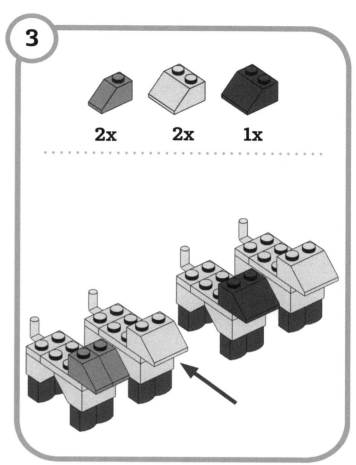

4

4x 2x 2x

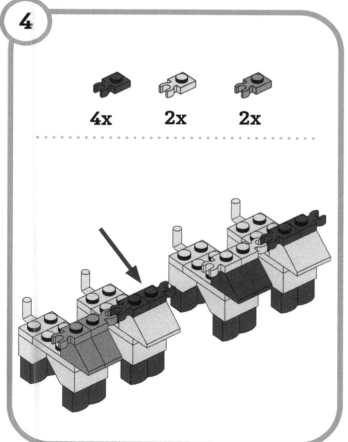

5

2x 2x 4x

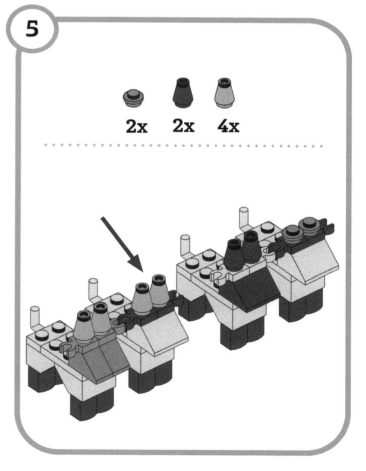

Build a Sleigh

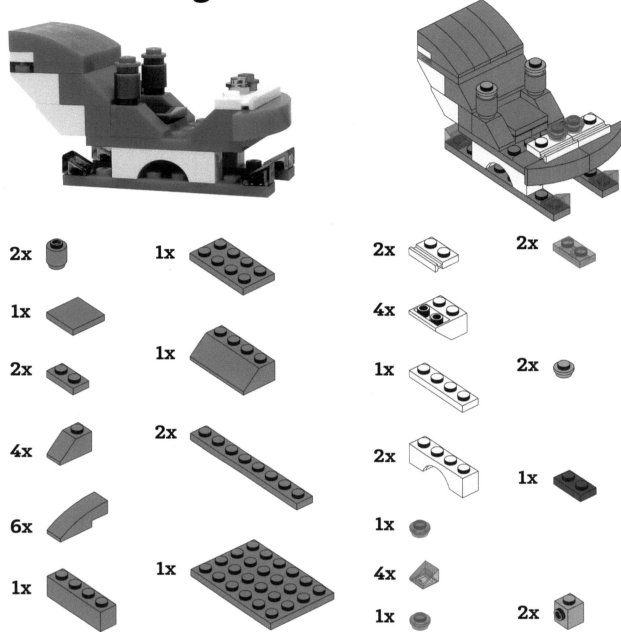

2x ⬤
1x ◆
2x ▱
4x ◣
6x ◗
1x ▭

1x ▭▭
1x ◢
2x ▬
1x ▦

2x ▱
4x ▱
1x ▭
2x ◠
1x ●
4x ◇
1x ●

2x ▱
2x ●
1x ▪
2x ◙

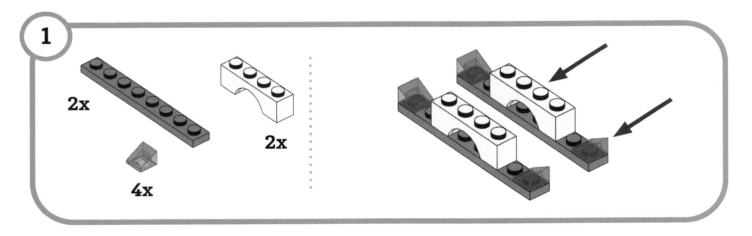

1

2x
2x
4x

2

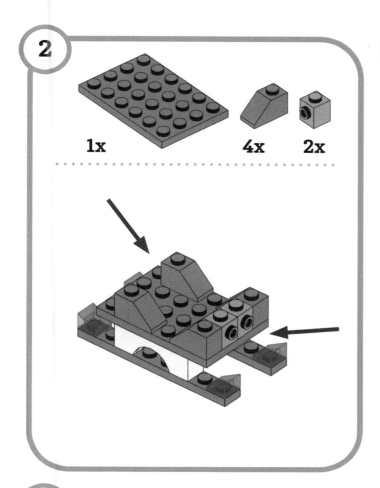

1x   4x   2x

3

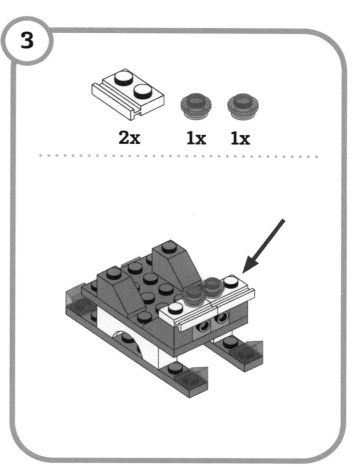

2x   1x   1x

4

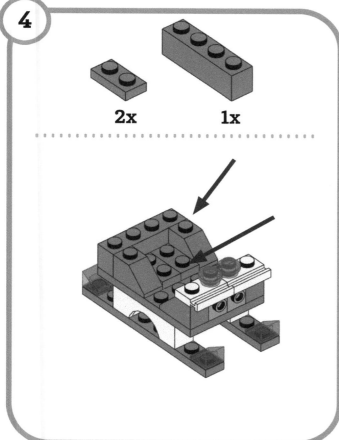

2x   1x

5

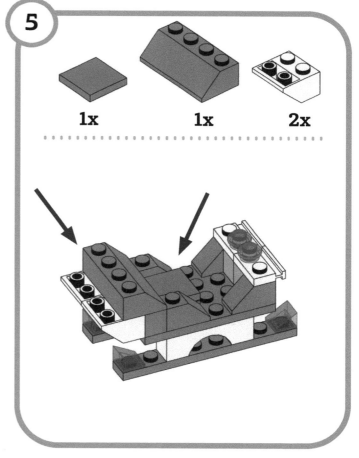

1x   1x   2x

6

2x 1x 2x 1x

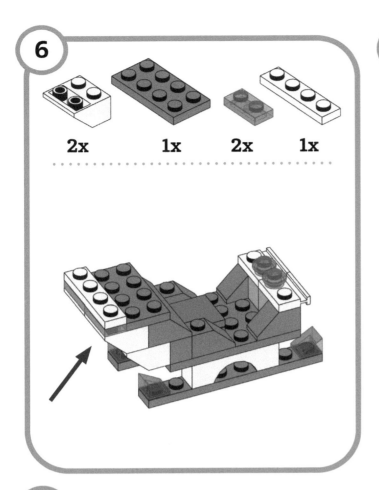

7

4x

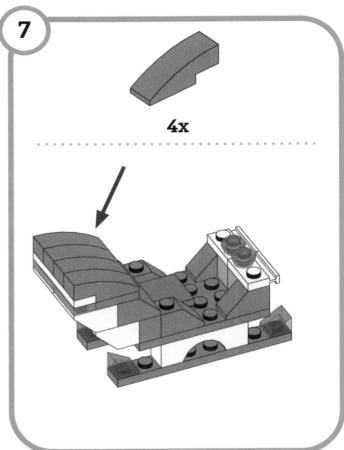

8

2x 2x 1x

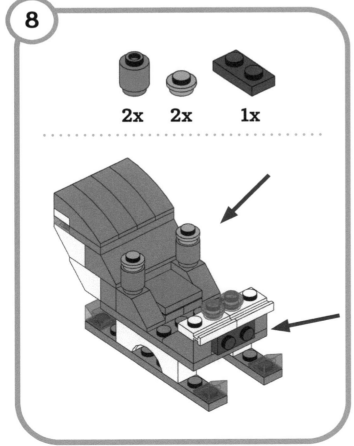

9

2x

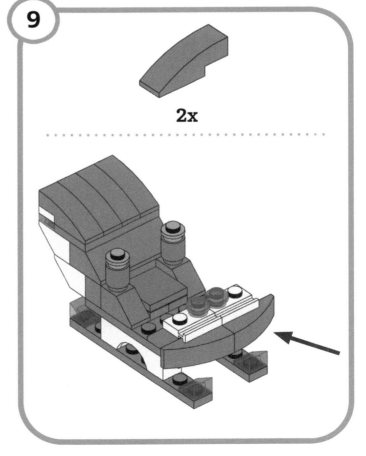

Build Toy Gifts

2x

2x

1x

1x

2x

1x

1x

1x

1x

1x

2x

2x

1x

1x

2x

1x

2x

1x

1x

2x

2x

1x

1x

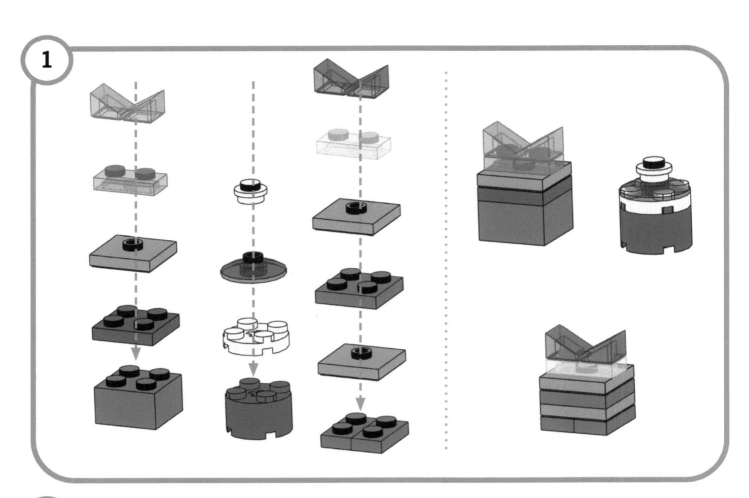

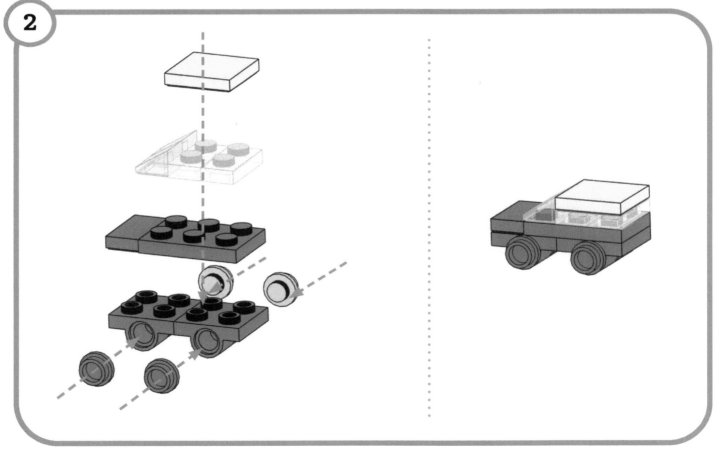

Build a Christmas Tree

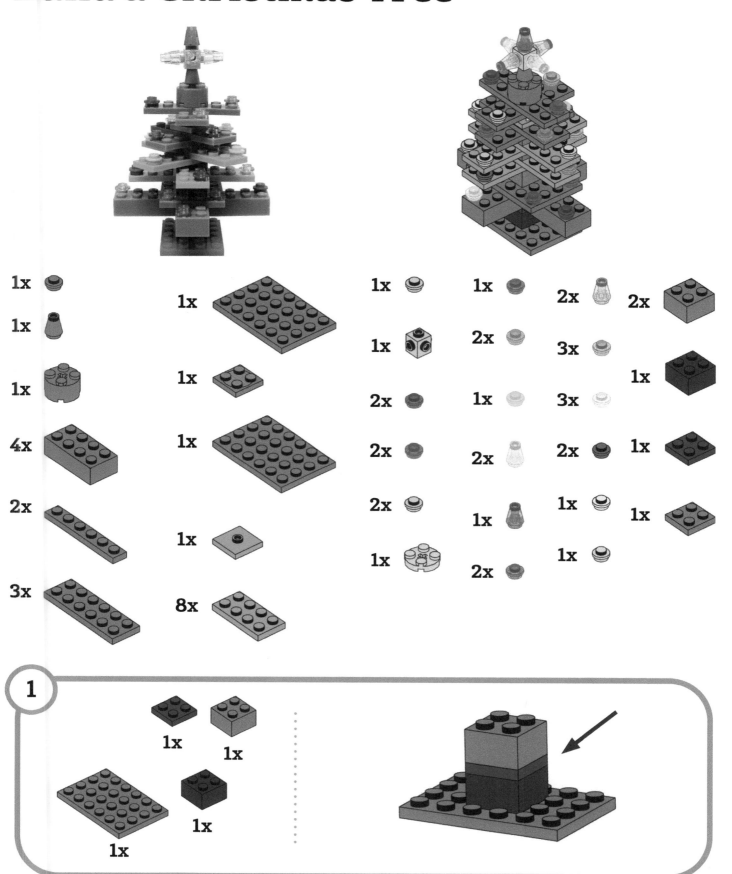

1x
1x
1x
4x
2x
3x

1x
1x
1x
1x
8x

1x
1x
2x
2x
2x
1x

1x
2x
2x
1x
2x

2x
3x
1x
3x
2x
1x
1x

2x
2x
1x
1x
1x

1

1x 1x

1x

1x

2

1x

1x   1x 2x 1x

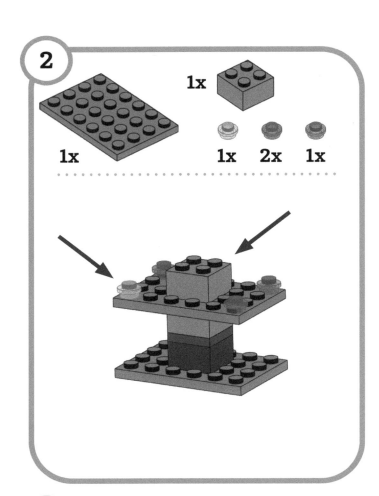

3

1x 1x 1x 1x   4x

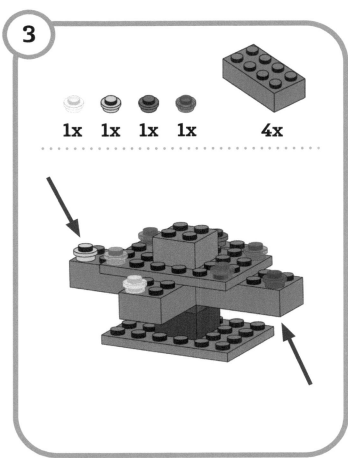

4

1x

4x   1x 1x 1x 1x

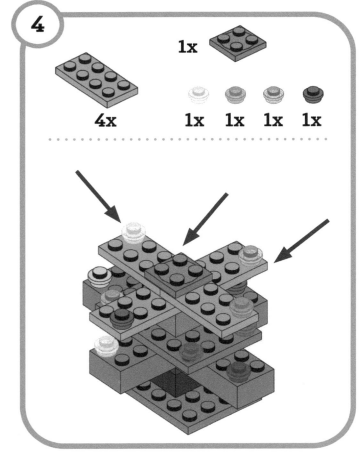

5

1x

1x 1x 1x 1x   4x

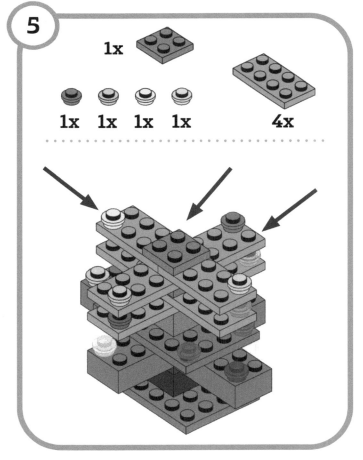

6

1x 1x 1x 1x 1x 2x

7

1x 1x 1x 1x 2x 1x

8

1x 1x 1x

9

1x 2x 2x

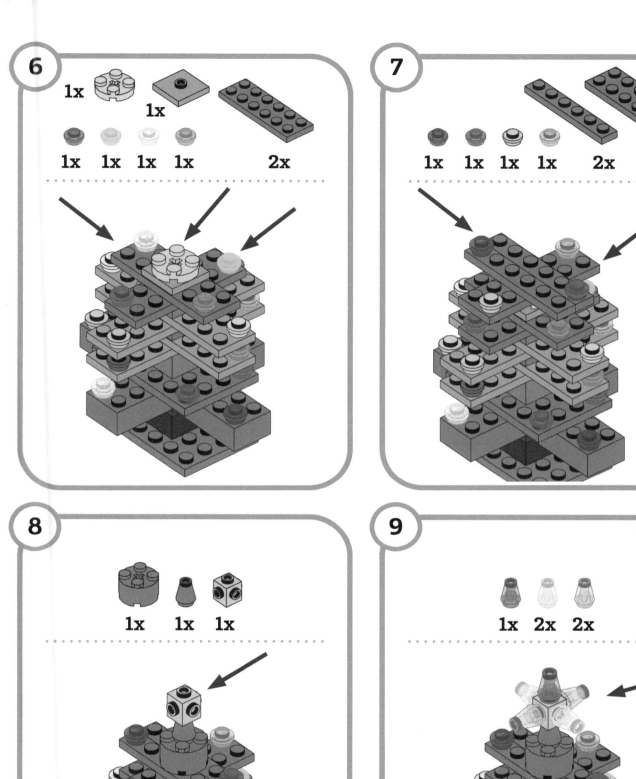
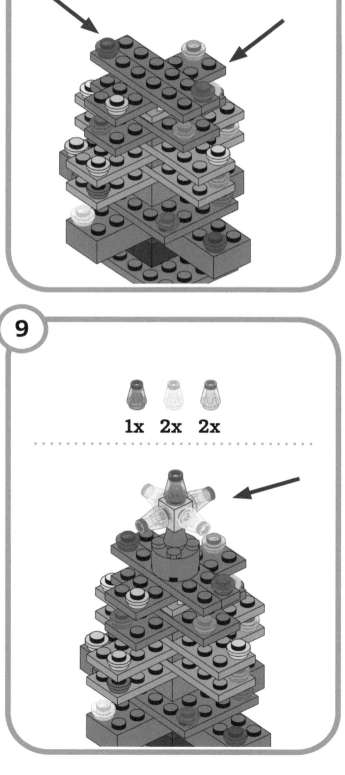

25

Cozy Mantel

Gingerbread House

Santa
Claus

Candle

Nutcracker

Rudolph

Candy Cane
Stand

Build Santa Claus

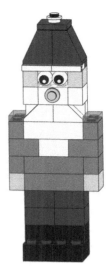

1x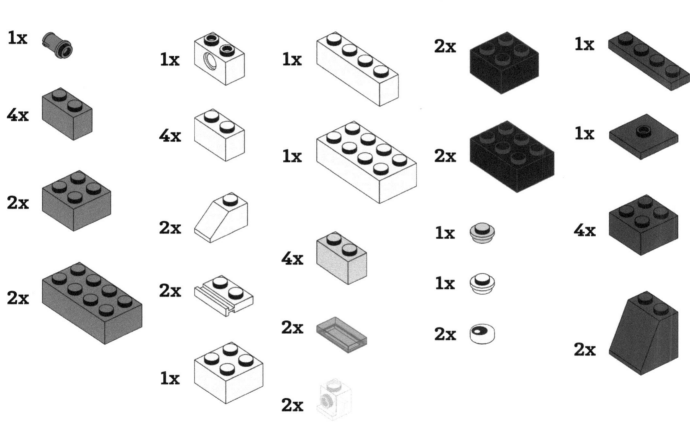

4x

2x

2x

1x

4x

2x

2x

1x

2x

1x

4x

1x

4x

2x

2x

1x

1x

2x

2x

4x

2x

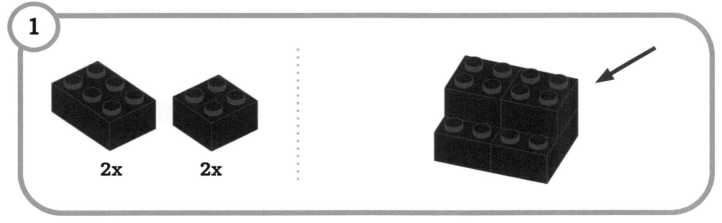

1

2x   2x

2

4x

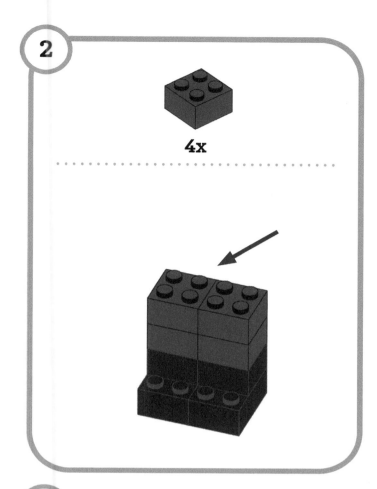

3

2x 2x 1x

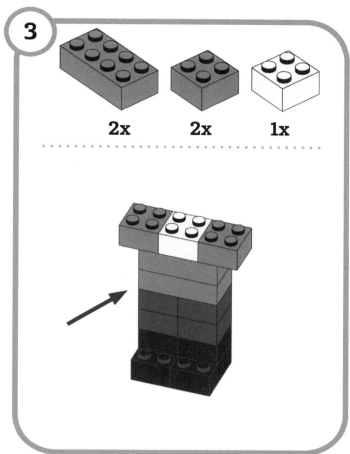

4

1x 1x 2x

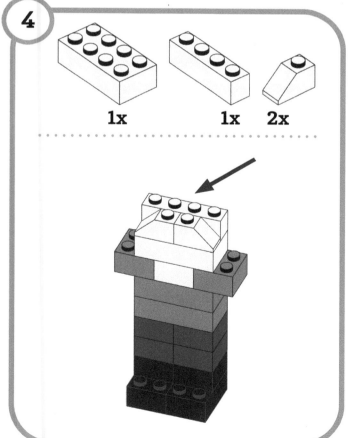

5

3x 1x 1x

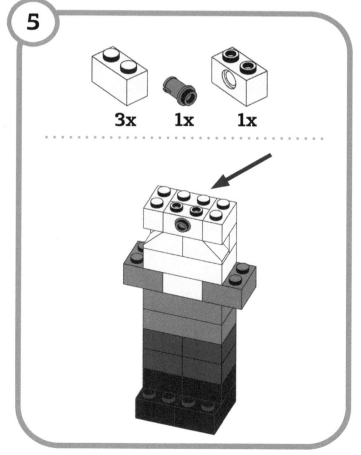

6

1x 2x 2x 2x

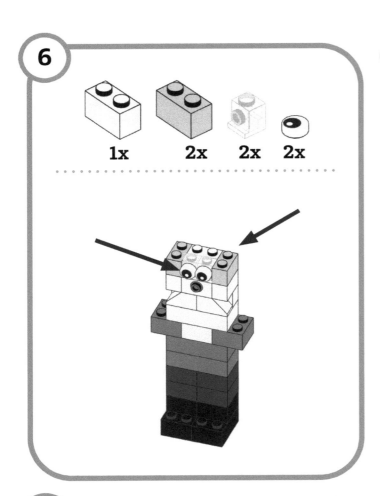

7

2x 1x 1x

8

2x 1x 1x

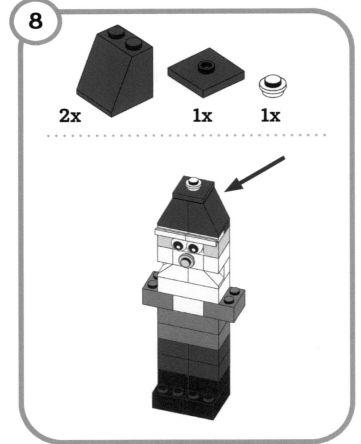

9

4x 2x 2x

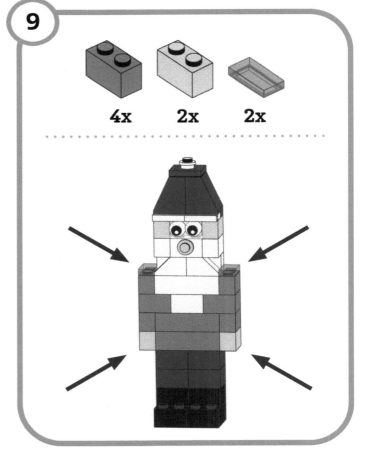

Build a Candle

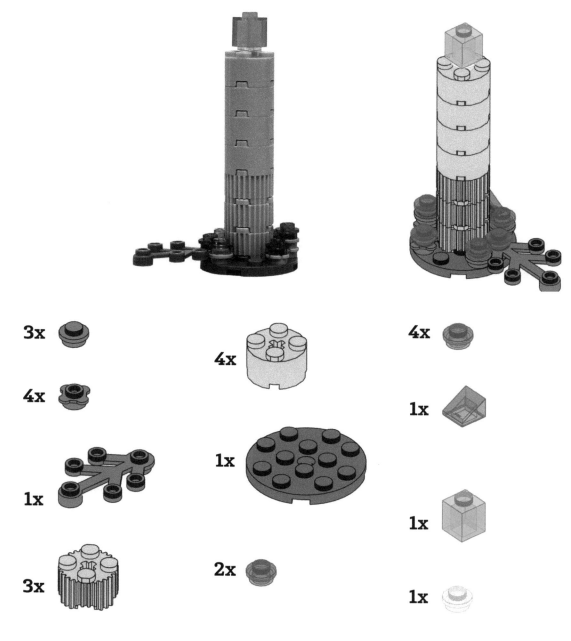

3x ⬤

4x ⬤

1x (branch plate)

3x (ribbed round brick)

4x (round plate 2x2)

1x (round plate 4x4)

2x ⬤

4x ⬤

1x (slope/wedge)

1x (clear 1x1 brick)

1x (round plate)

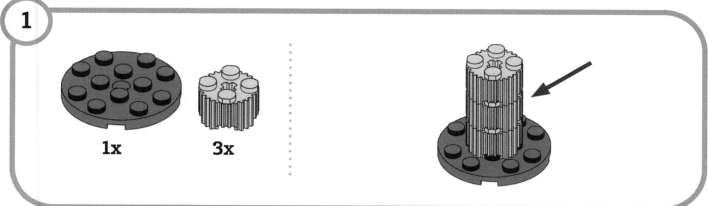

1

1x (round plate 4x4)   3x (ribbed round brick)

2

1x   4x

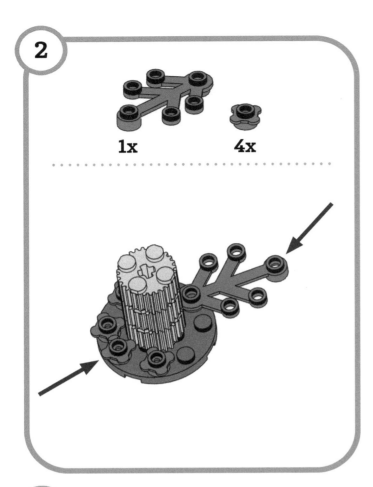

3

3x   4x   1x   2x

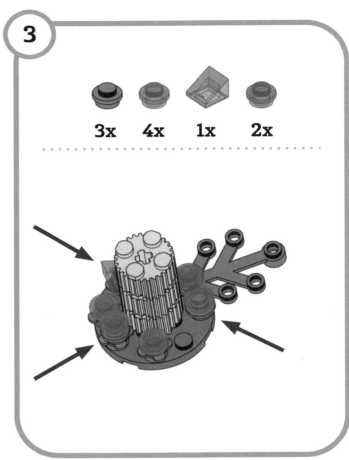

4

4x   1x

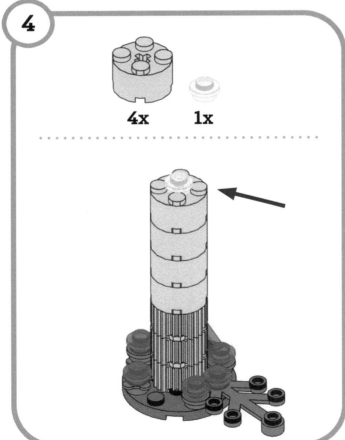

5

1x

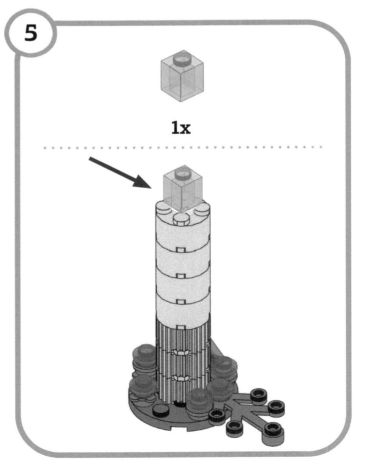

Build a Gingerbread House

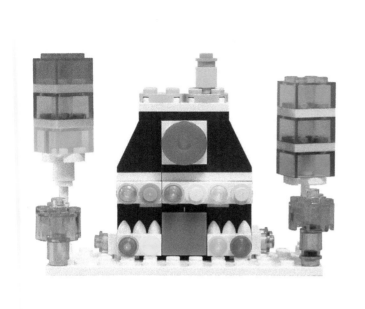

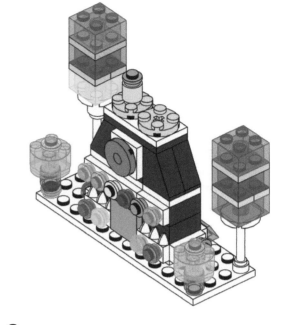

1x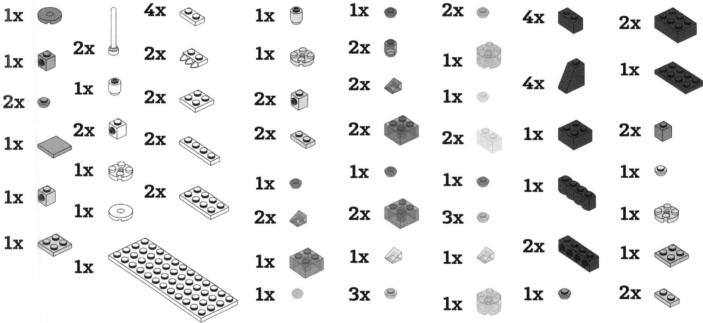

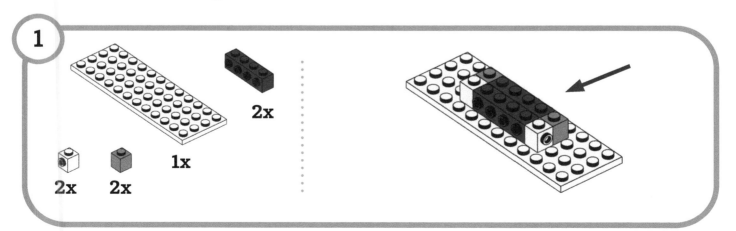

1

2x   1x

2x   2x

33

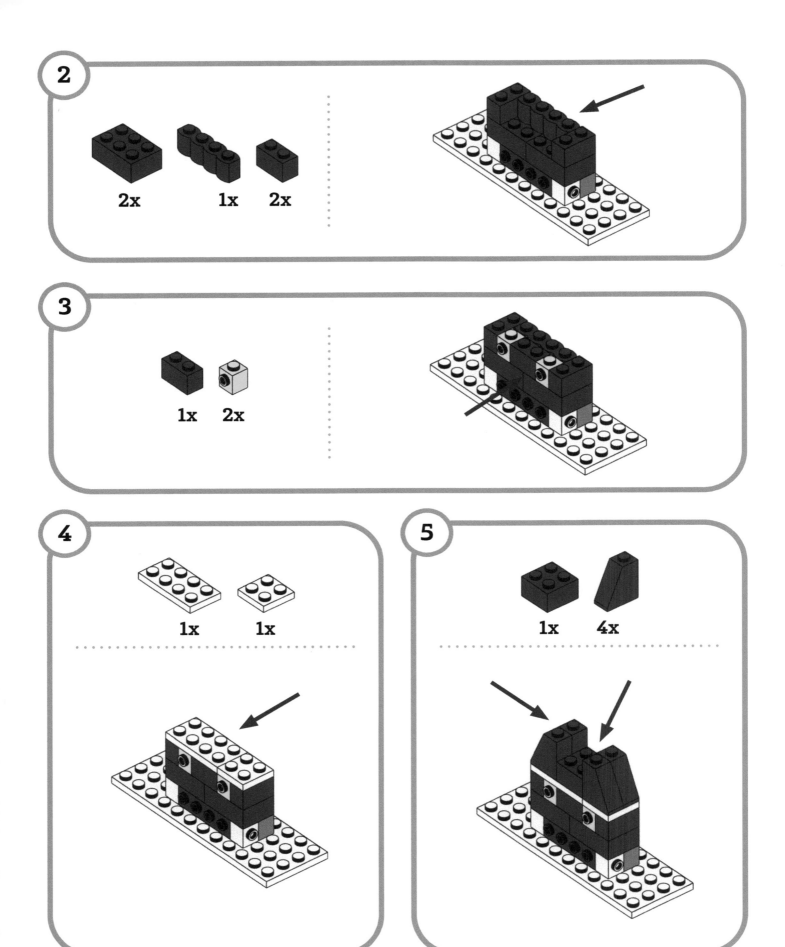

6

1x 1x 1x

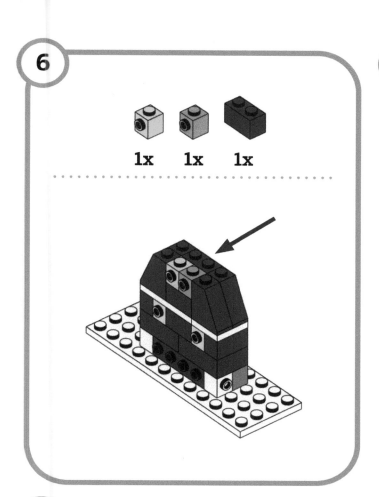

7

1x 1x

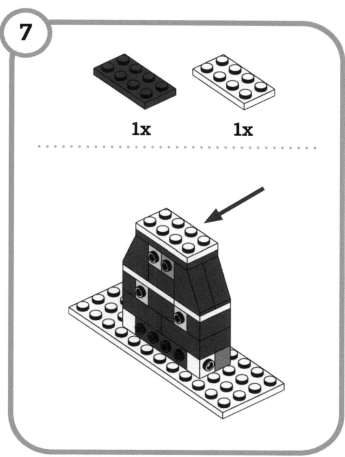

8

1x 1x 1x 1x

9

1x 1x

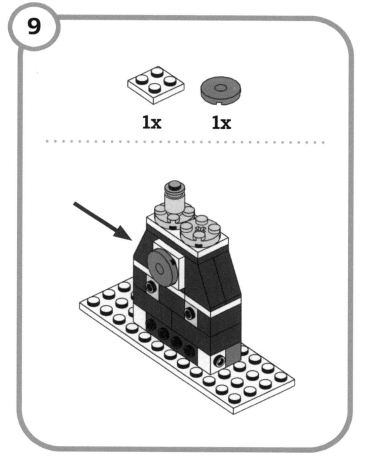

10

1x 1x 1x 1x 2x 1x 1x

11

1x 2x 1x 1x 1x 1x

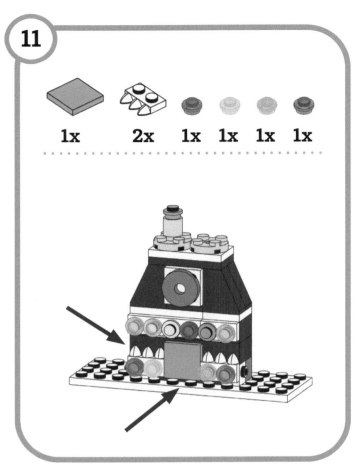

12

2x 1x 1x 1x 1x

13

1x 1x 2x 2x 1x 1x

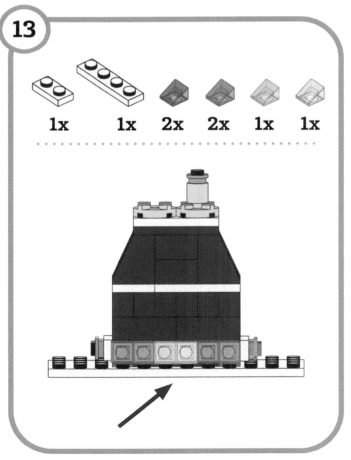

14

1x 1x 1x 1x

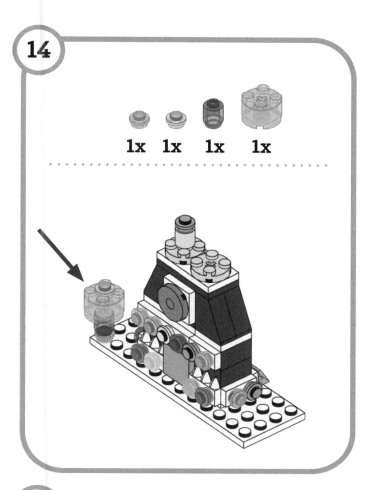

15

1x 1x 1x

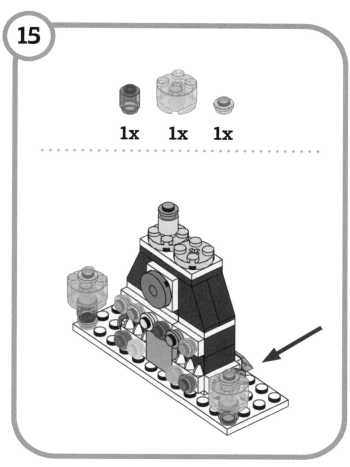

16

1x 1x 1x 1x

1x 1x 2x 2x

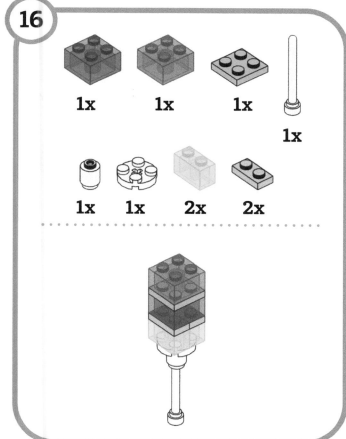

17

1x 2x 1x

1x 2x 1x

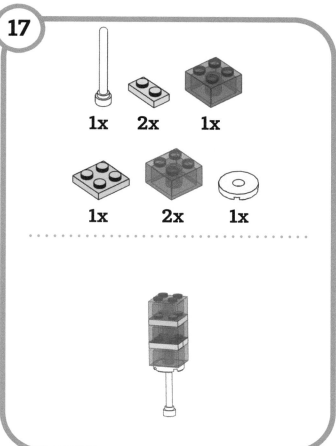

Build a Nutcracker

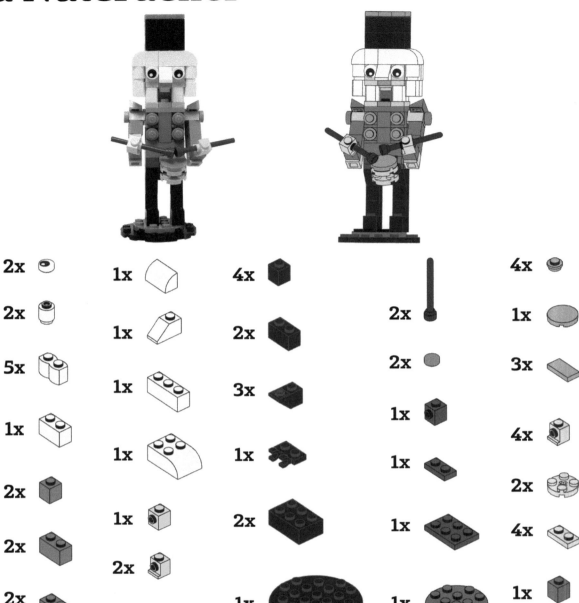

1x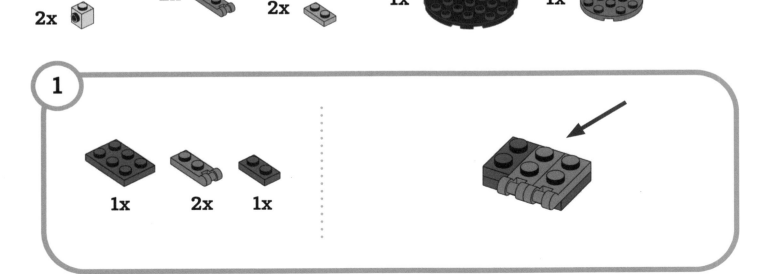

1

1x   2x   1x

2

2x   2x

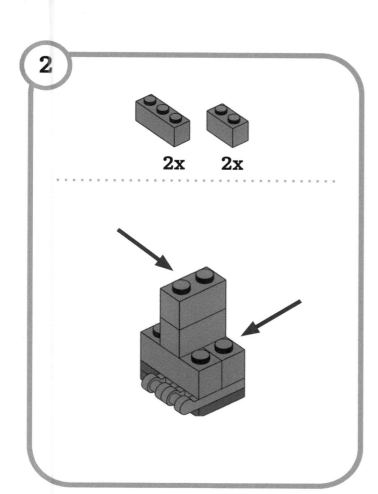

3

4x   4x

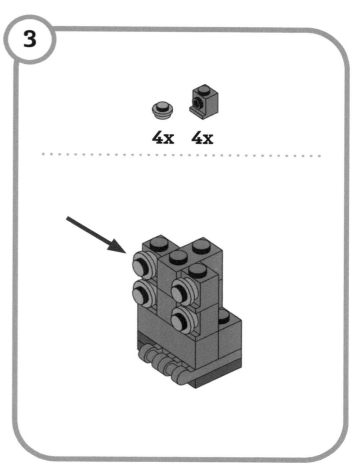

4

1x   1x   2x

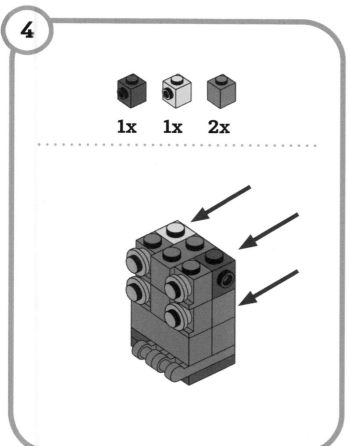

5

1x   2x   1x

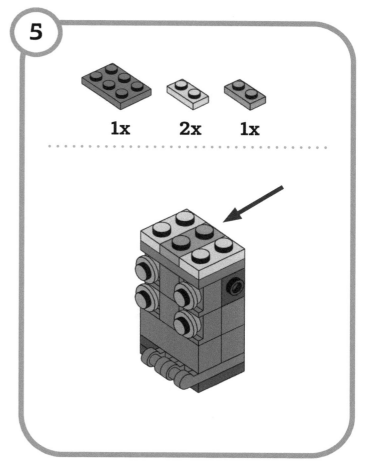

6

2x   1x

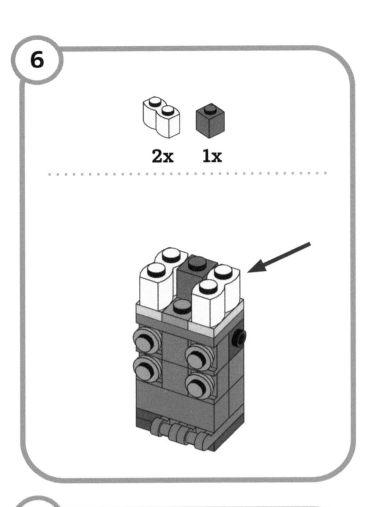

7

2x   1x   1x

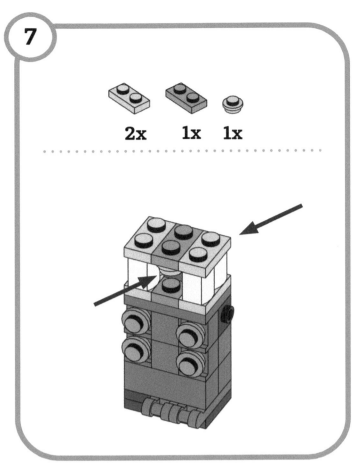

8

2x   2x   1x   1x   1x

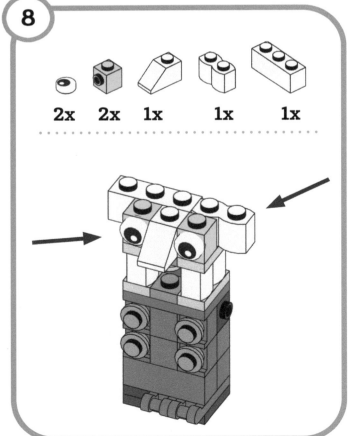

9

1x   1x   1x

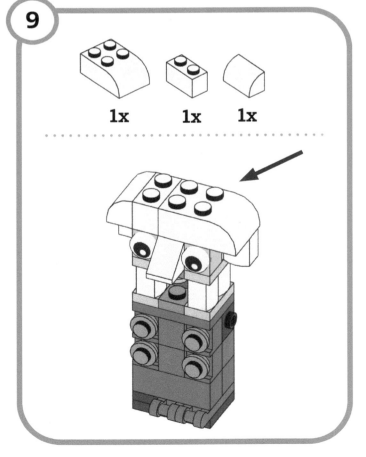

10

2x 3x

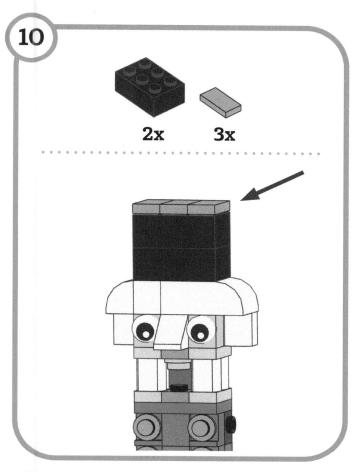

11

2x 2x

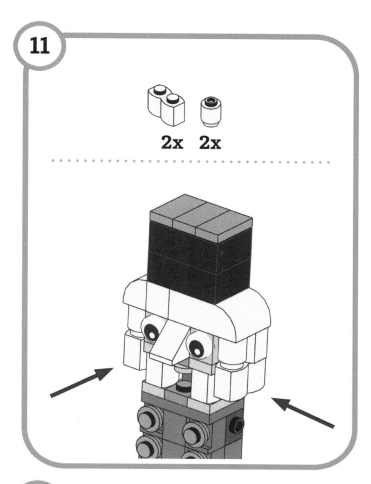

12

3x 4x

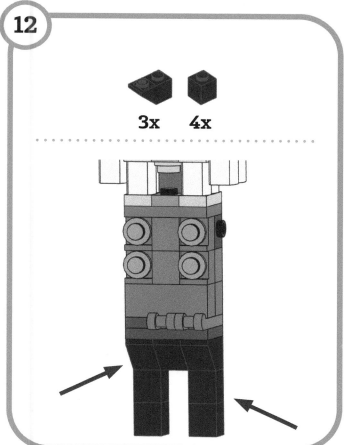

13

2x 1x 1x

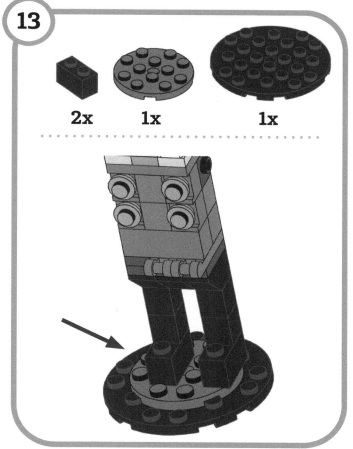

14

1x 1x

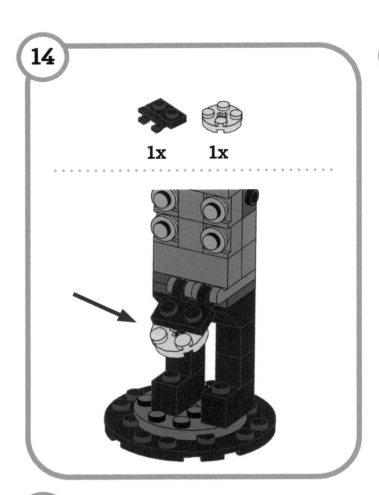

15

1x 1x

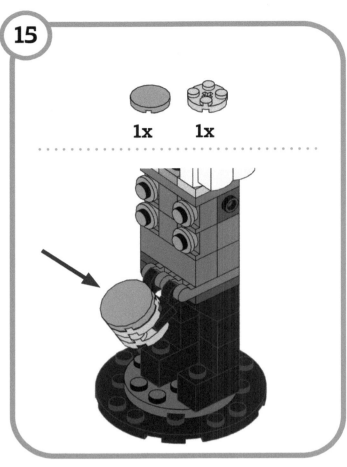

16

2x 2x 2x

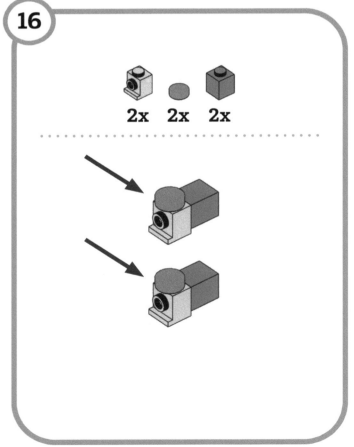

17

2x 2x 2x

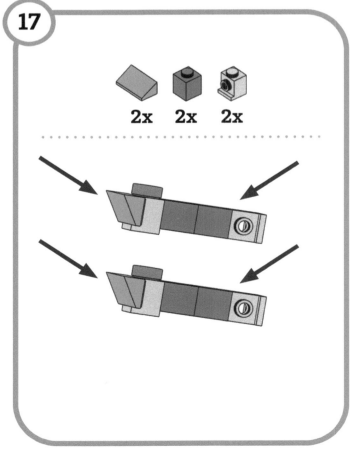

18

2x   2x

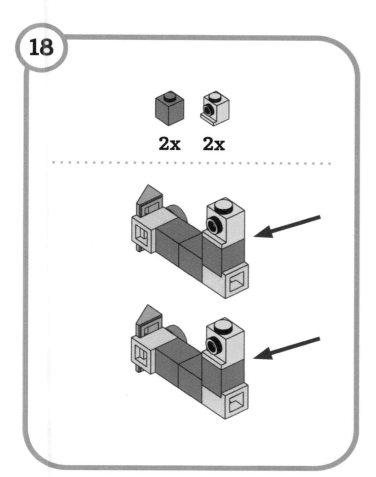

19

2x

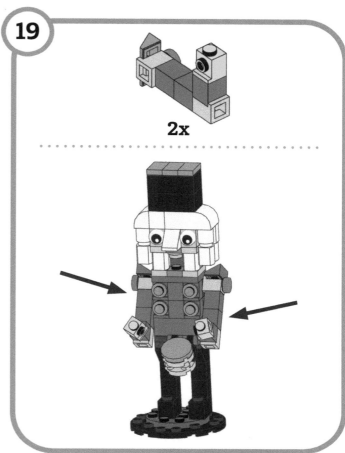

20

2x

43

Build Rudolph

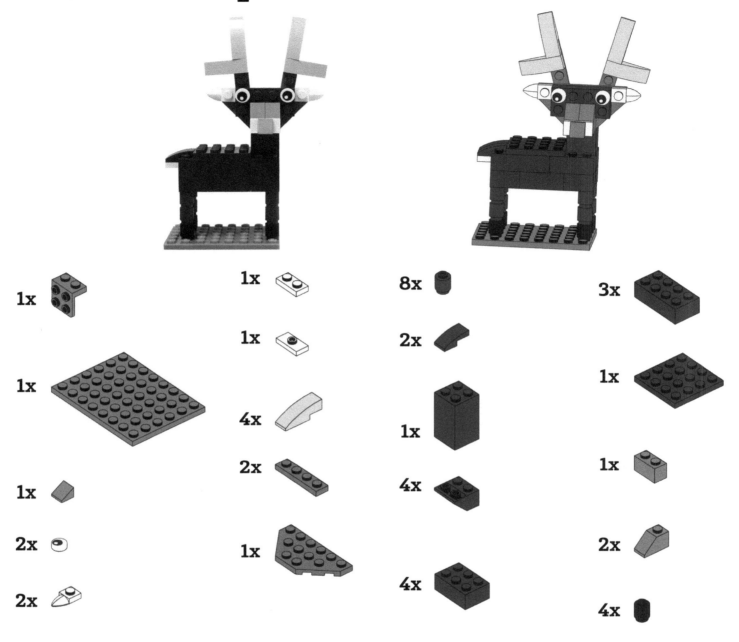

1x
1x
1x
1x
2x
2x

1x
1x
4x
2x
1x

8x
2x
1x
4x
4x

3x
1x
1x
2x
4x

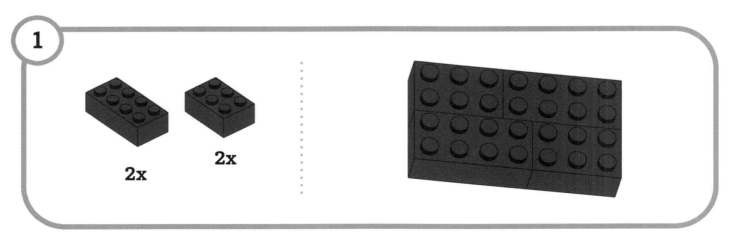

1

2x

2x

2

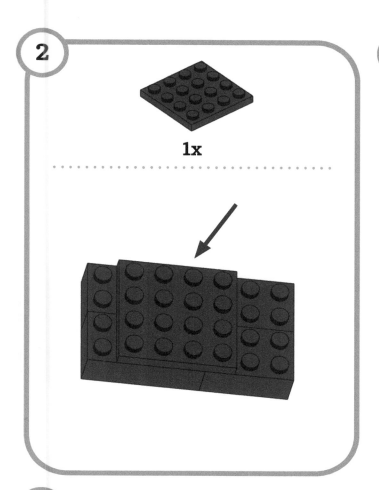

1x

3

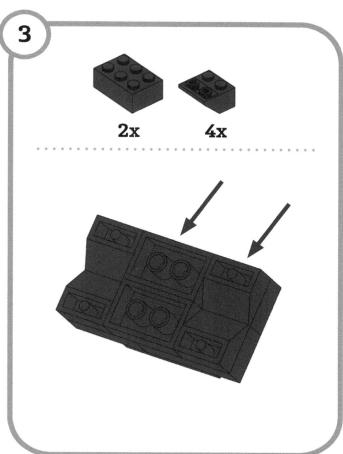

2x   4x

4

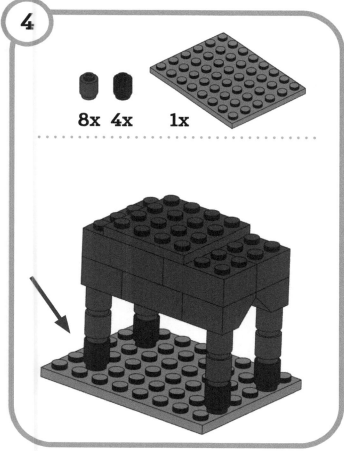

8x   4x   1x

5

2x   1x

45

6

1x 1x

7

1x 1x 1x

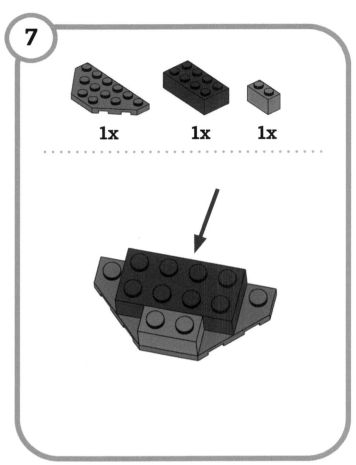

8

2x 2x

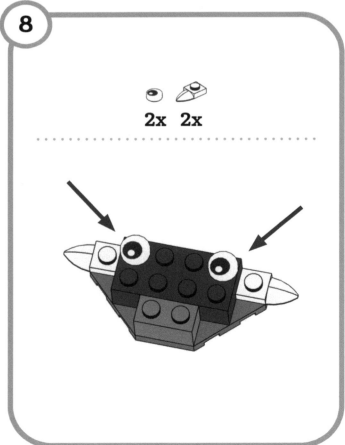

9

2x 1x 1x

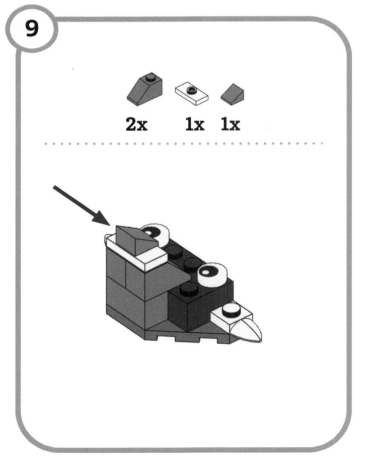

10

2x

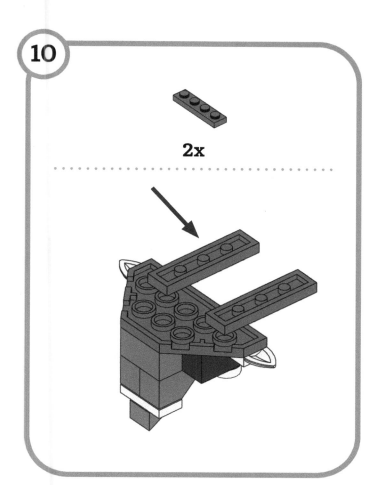

11

4x

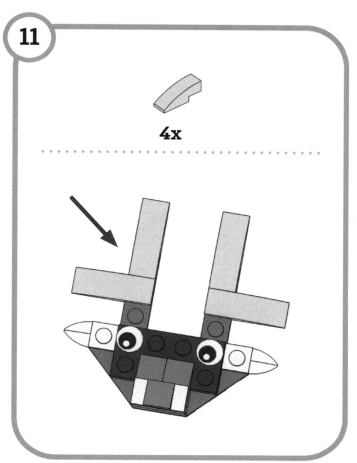

12

1x

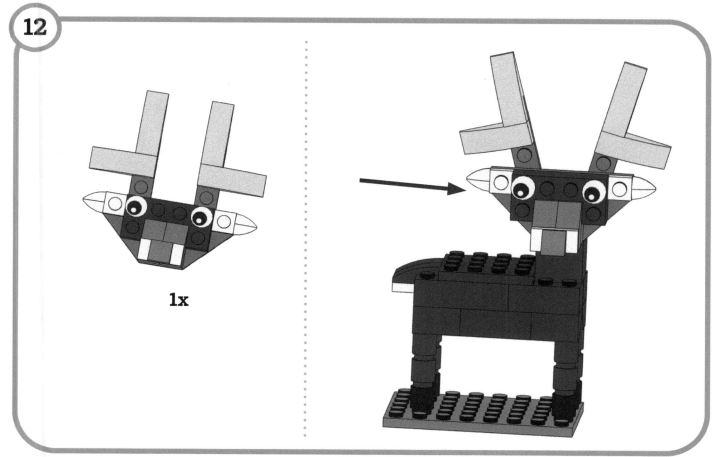

Build a Candy Cane Stand

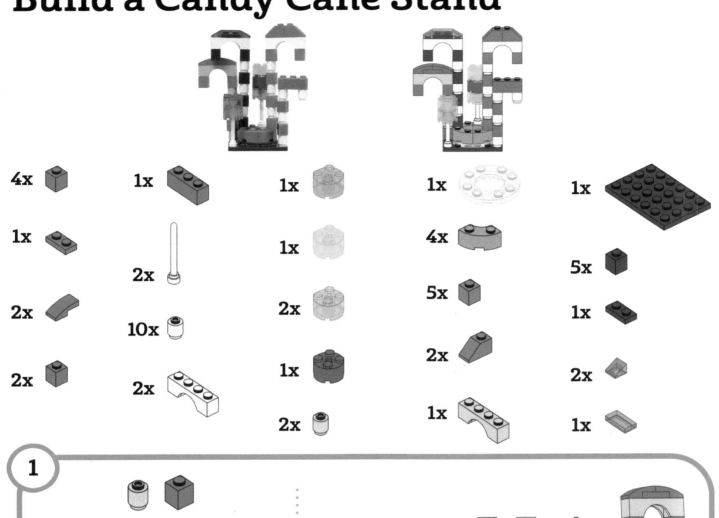

4x · 1x · 1x · 1x · 1x

1x · 2x · 1x · 4x · 5x

2x · 10x · 2x · 5x · 1x

2x · 2x · 1x · 2x · 2x

1x · 1x

1

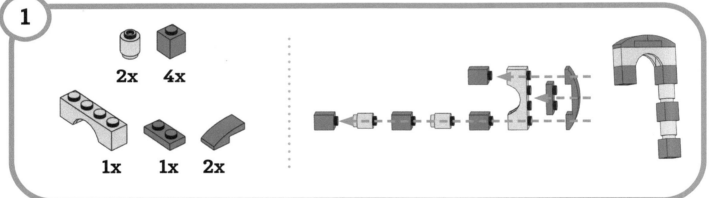

2x · 4x

1x · 1x · 2x

2

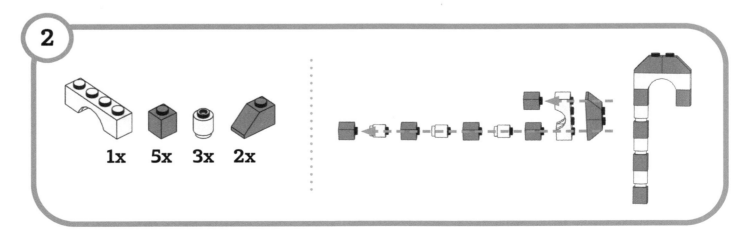

1x · 5x · 3x · 2x

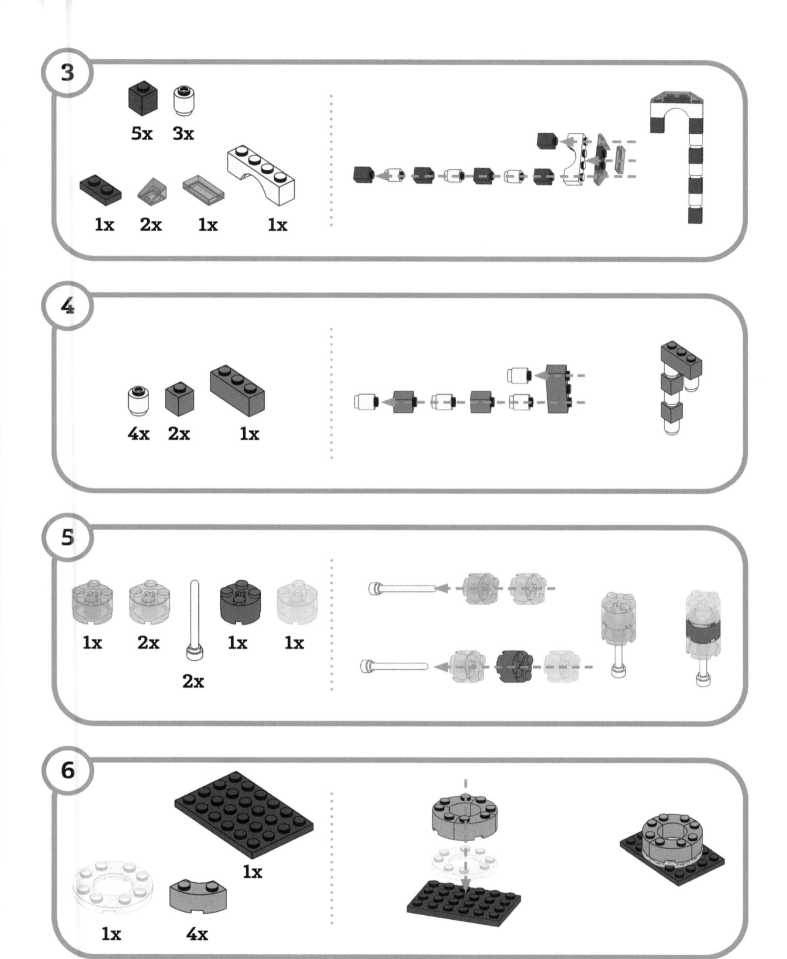

49

Winter with Friends

Mail Sled

Standing Dog

Streetlight and Mailbox

Bobsled

Snowman

Market Stall

Build a Snowman

1x   2x

1x   1x

1x   2x

2x   1x

2x 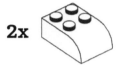   1x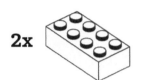

2x 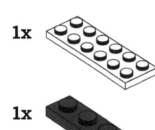   1x

1x    1x

1x    1x

1x   1x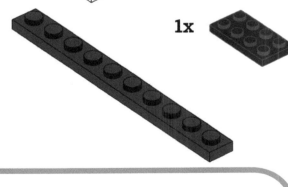

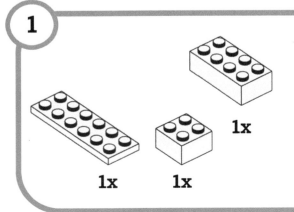

1

1x

1x   1x

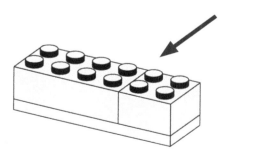

2

2x   1x

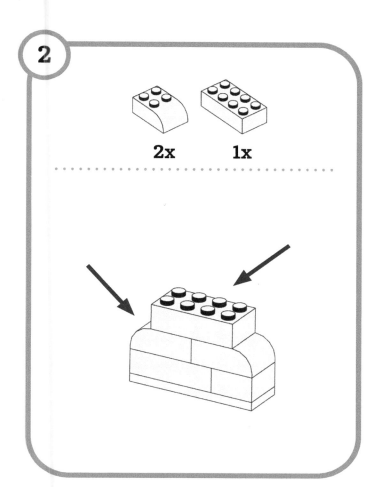

3

1x   1x   1x

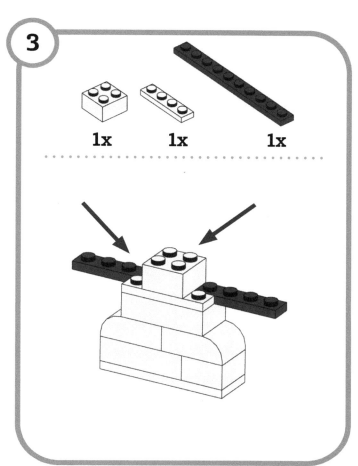

4

2x   1x

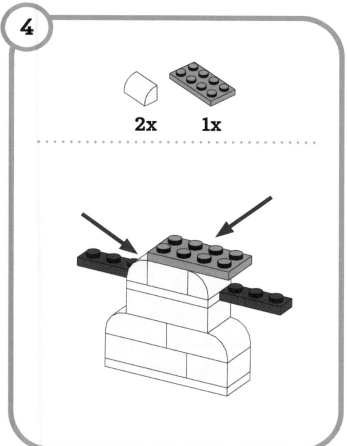

5

1x   2x

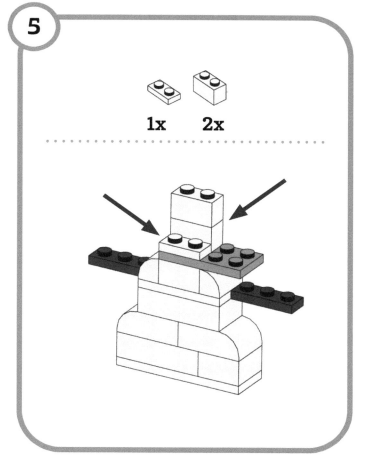

6

1x   1x   1x   1x

7

1x   1x

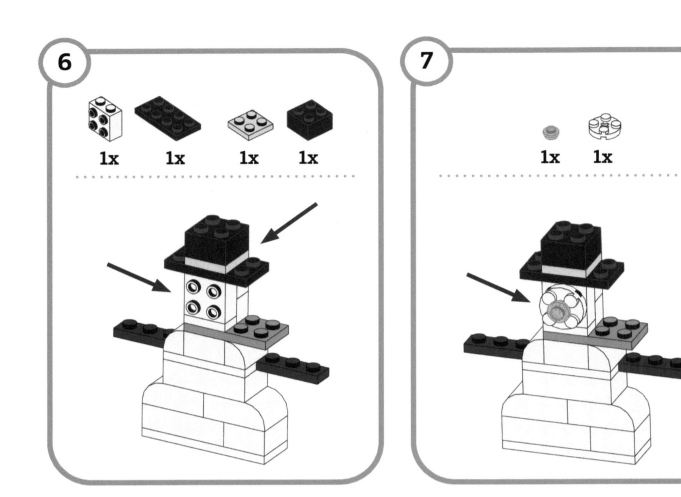

Build a Streetlight and Mailbox

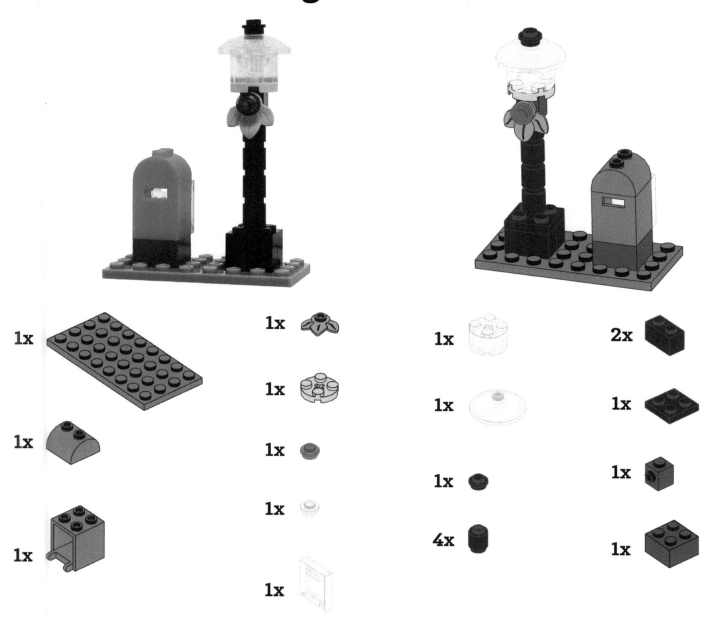

1x

1x

1x

1x

1x

1x

1x

1x

1x

1x

1x

1x

4x

2x

1x

1x

1x

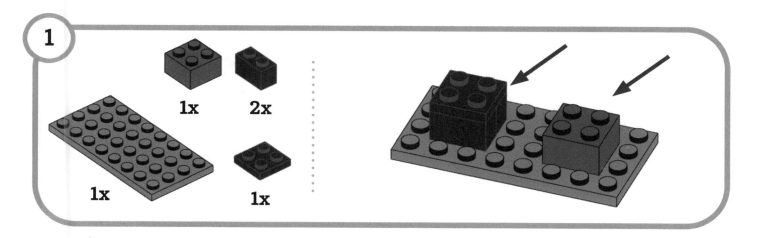

1

1x   2x

1x

1x

2

4x 1x 1x 1x

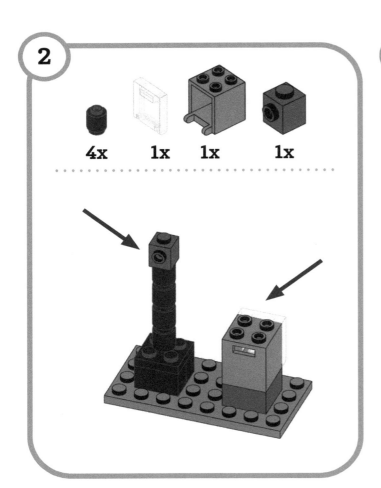

3

1x 1x

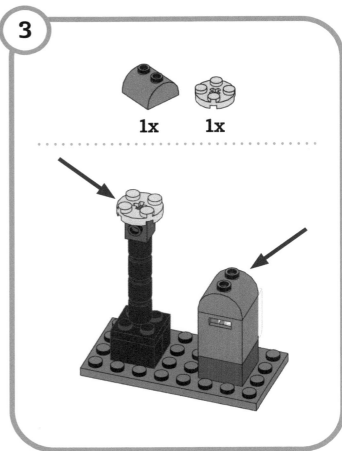

4

1x 1x

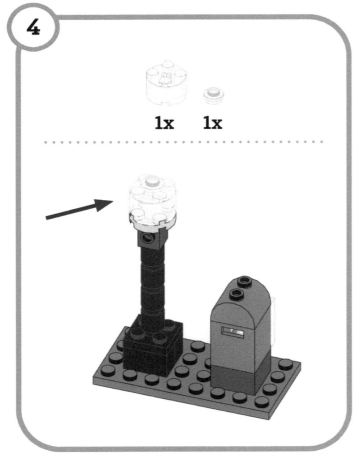

5

1x 1x 1x 1x

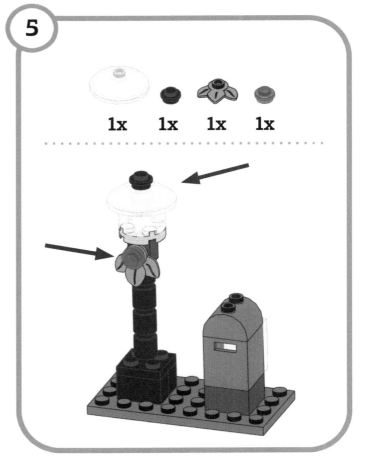

Build a Mail Sled

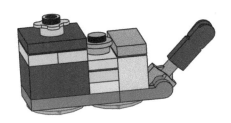

1x

1x

1x

1x

1x

1x

1x

3x

2x

1x

1x

1x

1x

1x

1x

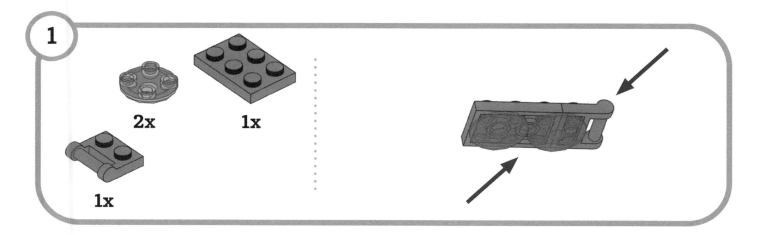

1

2x

1x

1x

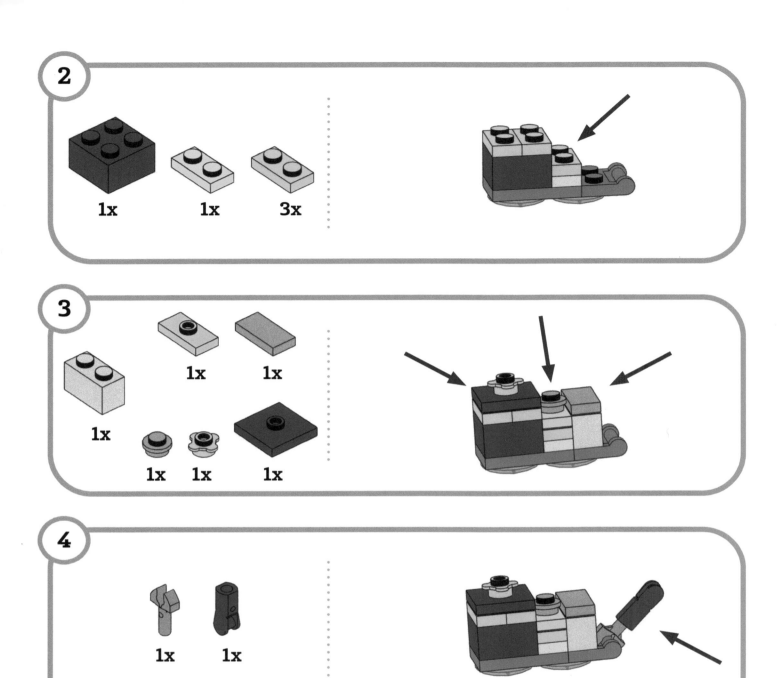

2

1x   1x   3x

3

1x   1x   1x

1x   1x   1x

4

1x   1x

Build a Standing Dog

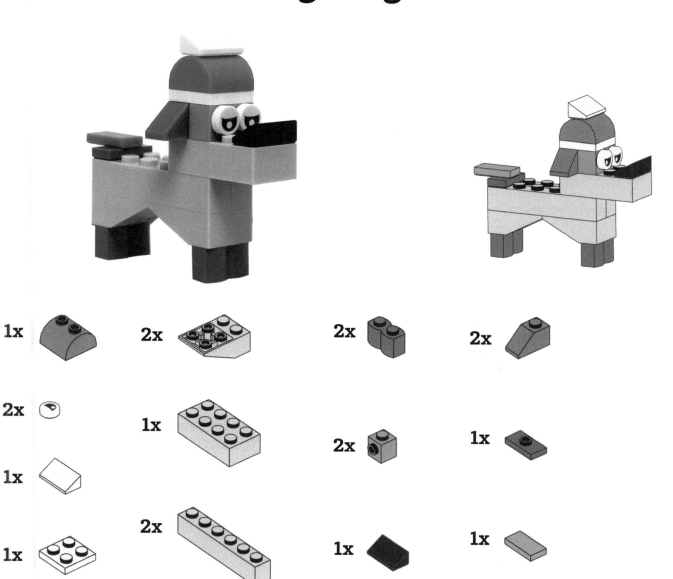

1x
2x
2x
2x

2x
1x
2x
1x

1x

1x
2x
1x
1x

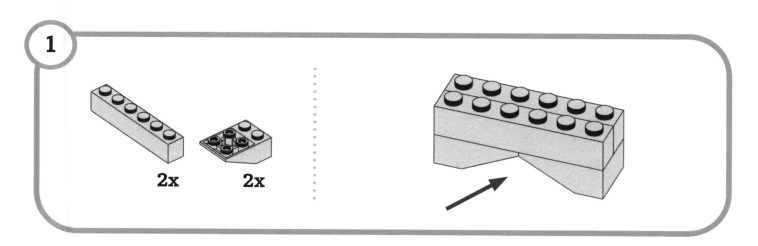

1

2x   2x

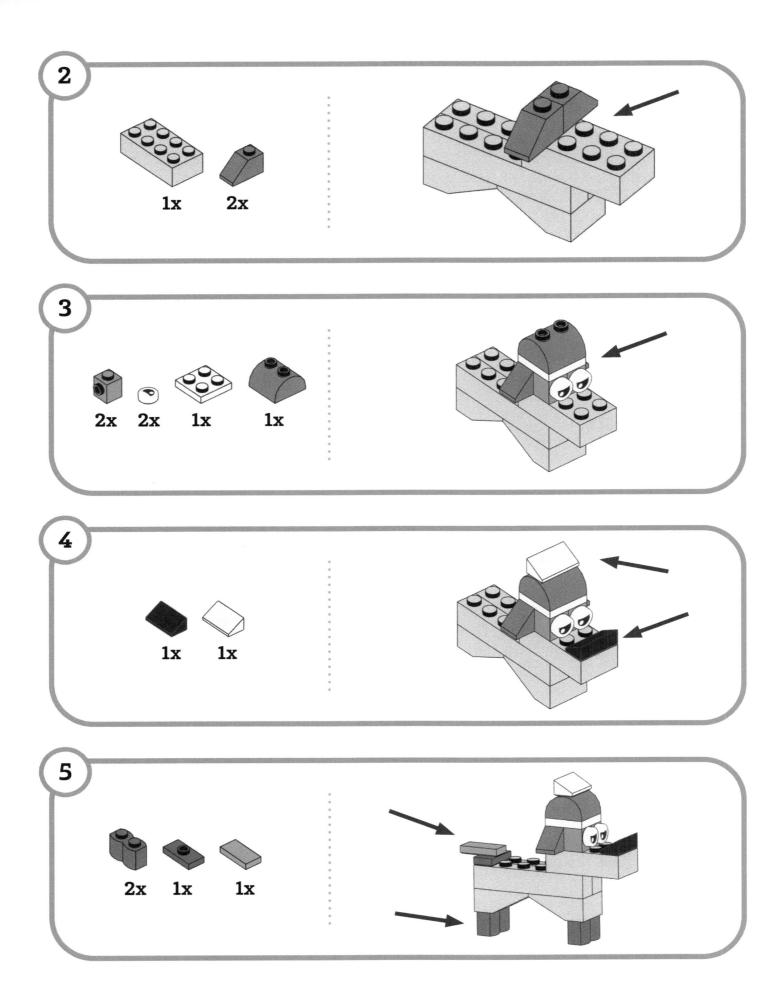

Build a Bobsled

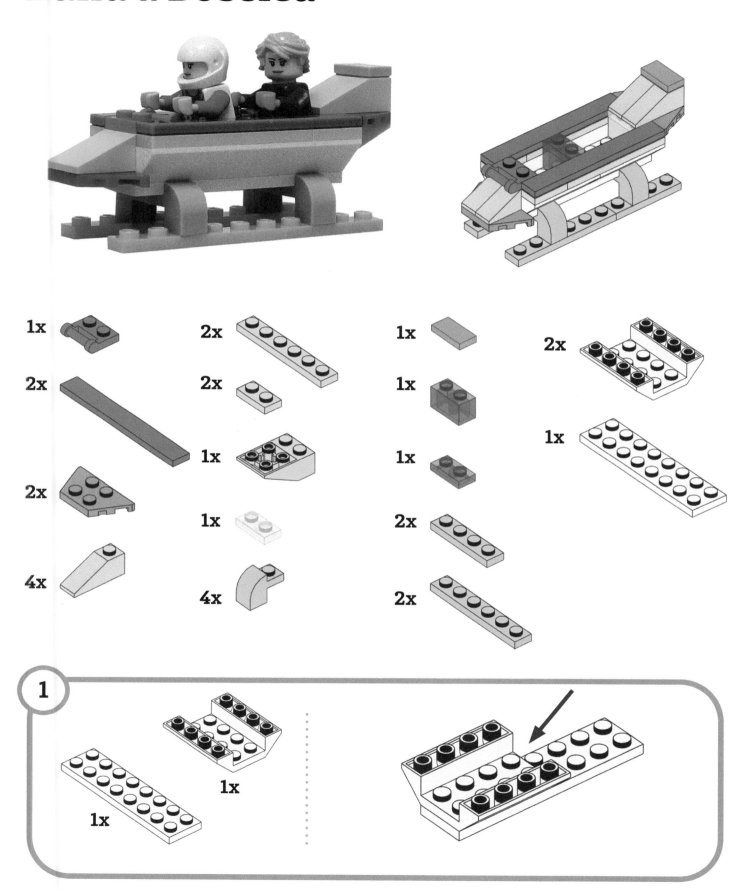

1x

2x

2x

2x

1x

1x

2x

1x

1x

1x

2x

4x

4x

2x

2x

1x

1

1x

1x

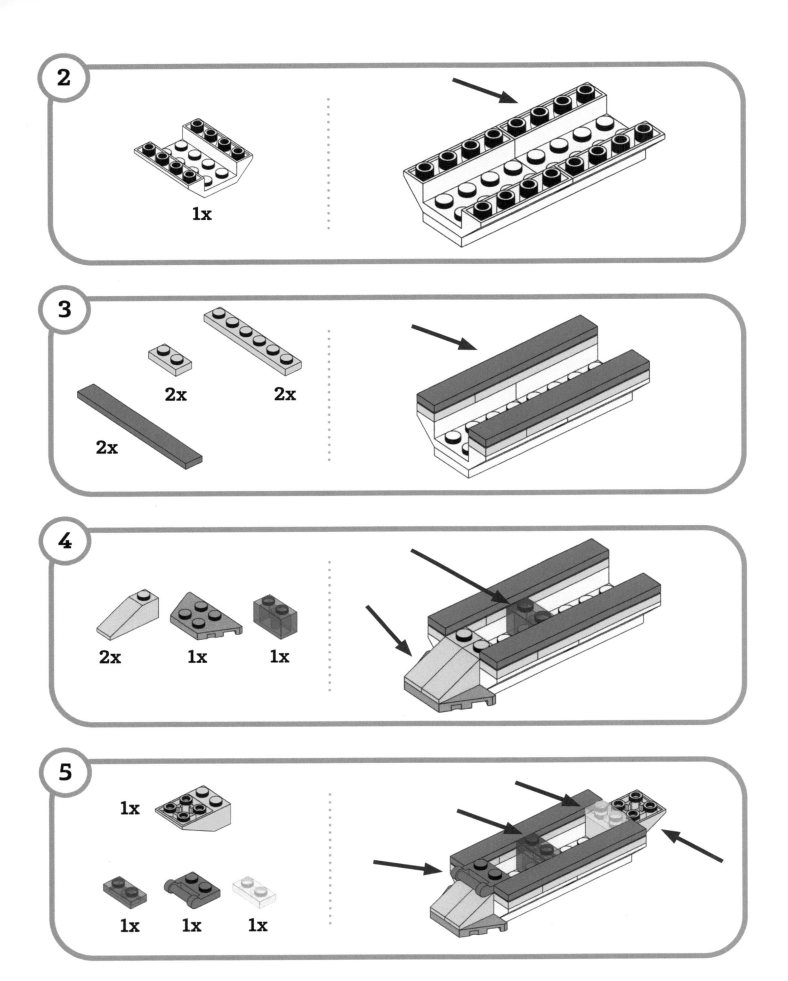

2

1x

3

2x 2x

2x

4

2x 1x 1x

5

1x

1x 1x 1x

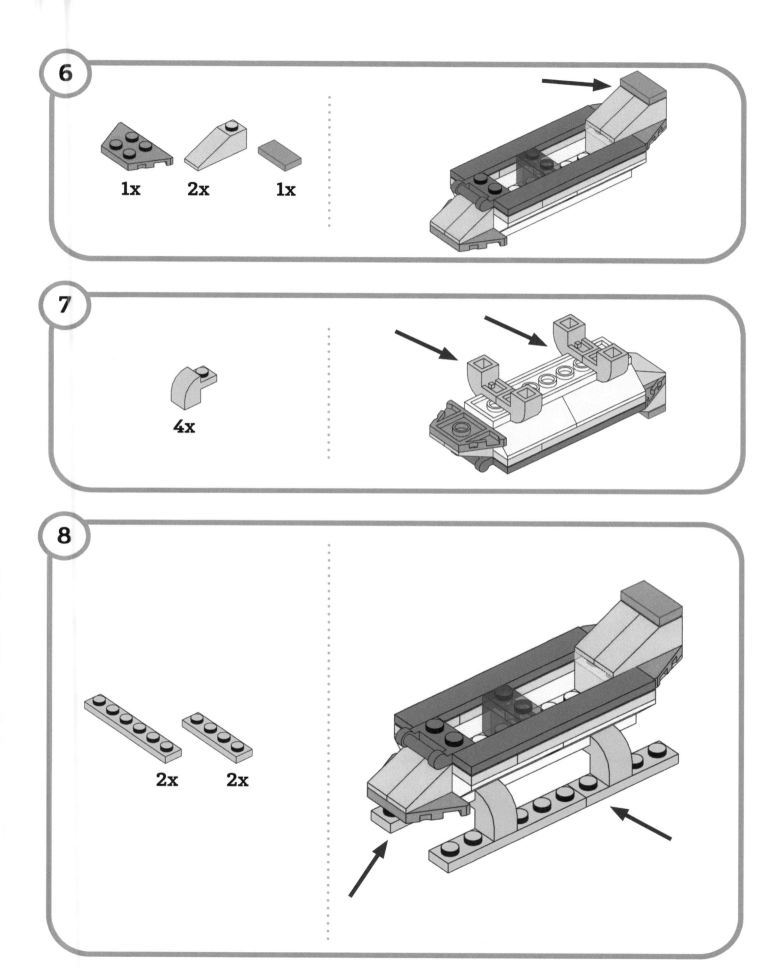

6

1x 2x 1x

7

4x

8

2x 2x

Build a Market Stall

1x · 1x · 2x · 1x · 4x · 6x · 3x · 1x · 2x · 1x · 2x · 1x · 2x · 1x · 2x · 4x · 1x · 4x · 1x · 2x · 1x · 2x · 1x · 1x

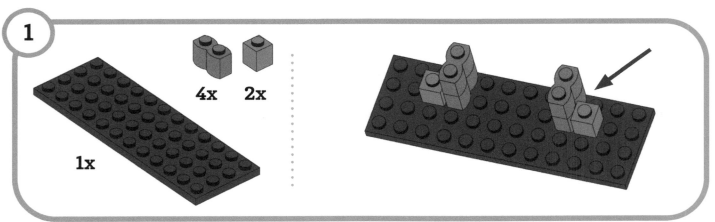

1 1x · 4x · 2x

2

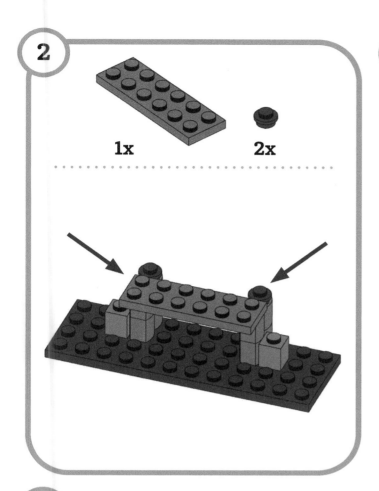

1x 2x

3

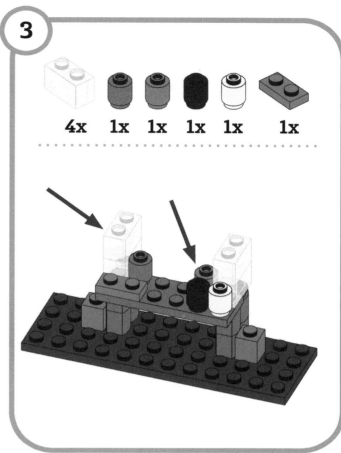

4x 1x 1x 1x 1x 1x

4

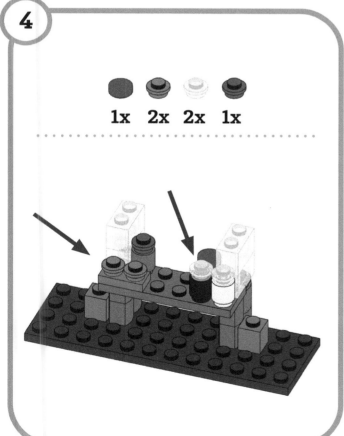

1x 2x 2x 1x

5

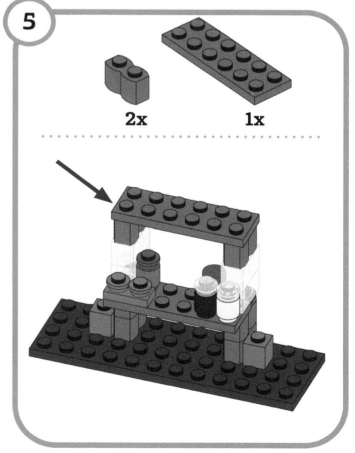

2x 1x

6

4x 4x 2x 2x

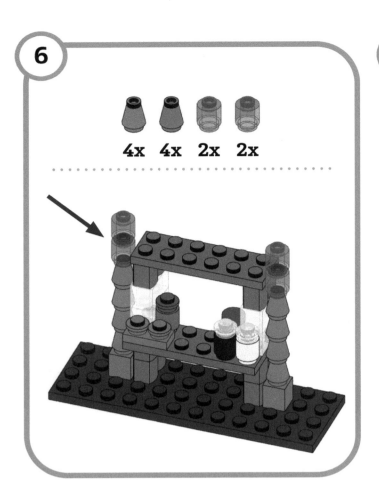

7

2x

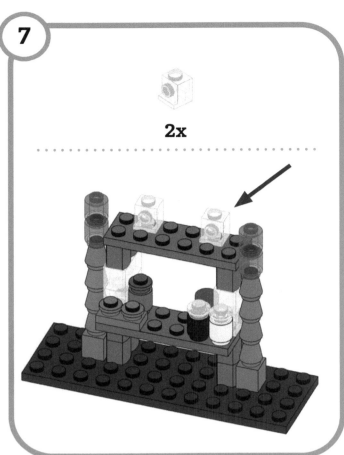

8

1x 3x

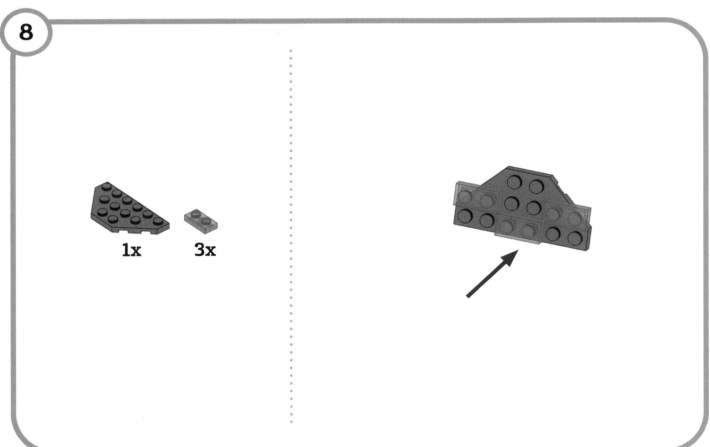

9

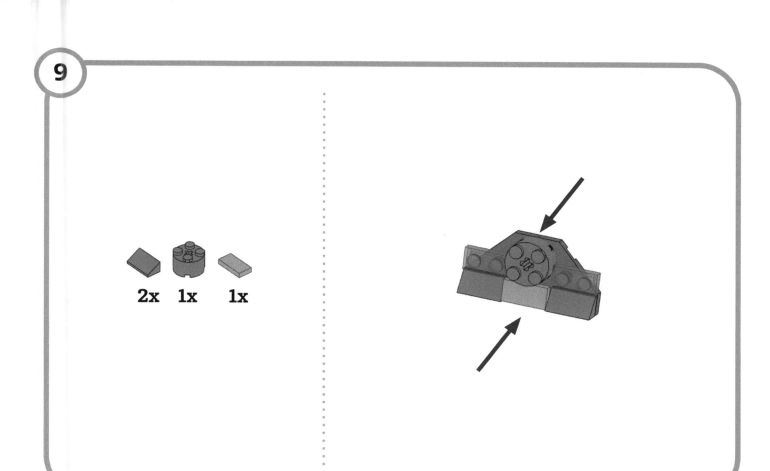

2x 1x 1x

10

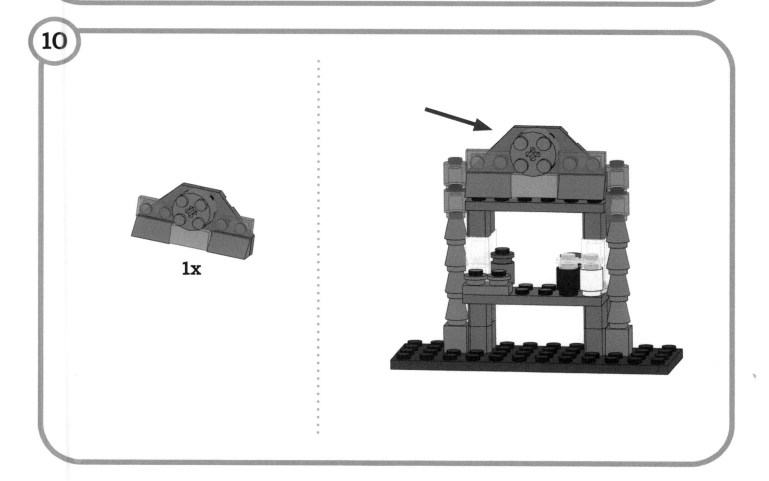

1x

The Night Before Christmas

Small Christmas Tree

Toys Under the Tree

Fireplace with Stockings

Chair and Snacks

Sleeping Dog

Build a Small Christmas Tree

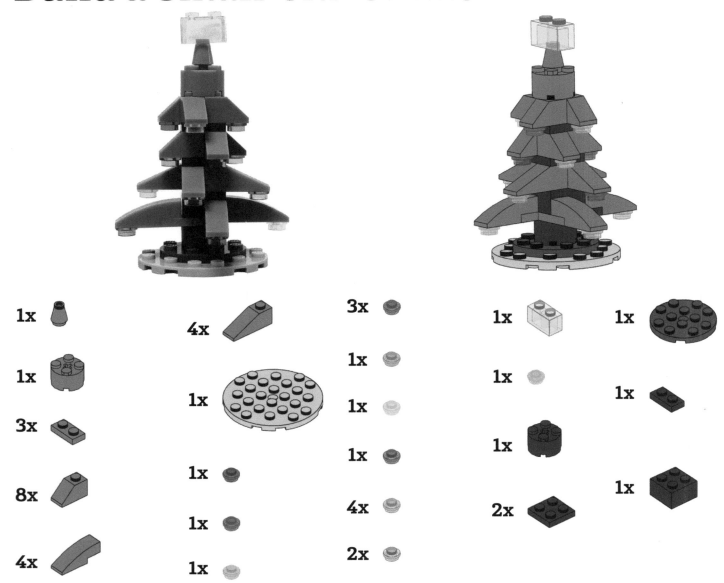

1x ●
1x ●
3x ●
8x ●
4x ●

4x ●
1x ●
1x ●
1x ●
1x ●

3x ●
1x ●
1x ●
1x ●
4x ●
2x ●

1x ●
1x ●
1x ●
1x ●
2x ●

1x ●
1x ●
1x ●

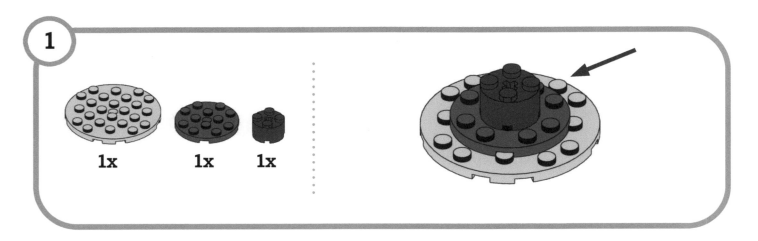

1
1x   1x   1x

2

3x   1x   1x

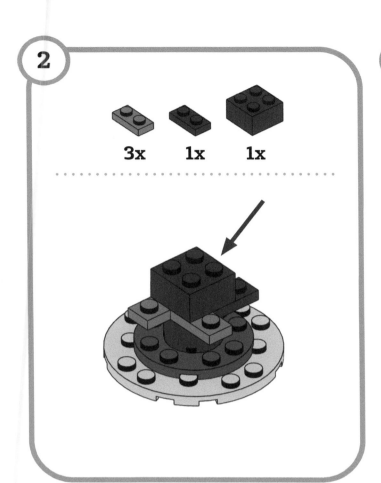

3

4x

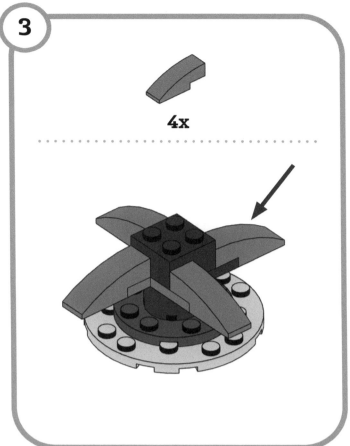

4

4x

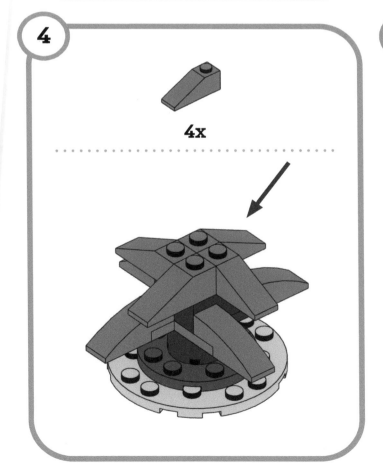

5

1x   4x

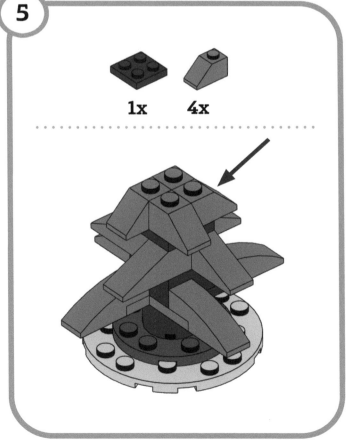

6

1x   4x

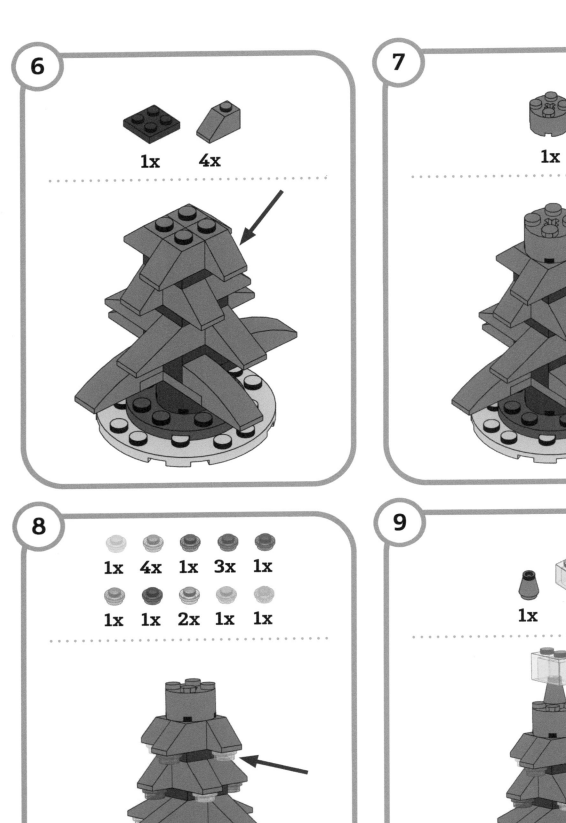

7

1x

8

1x   4x   1x   3x   1x

1x   1x   2x   1x   1x

9

1x   1x

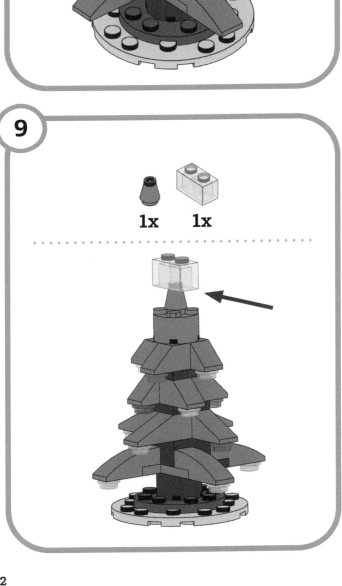

Build Gifts Under the Tree

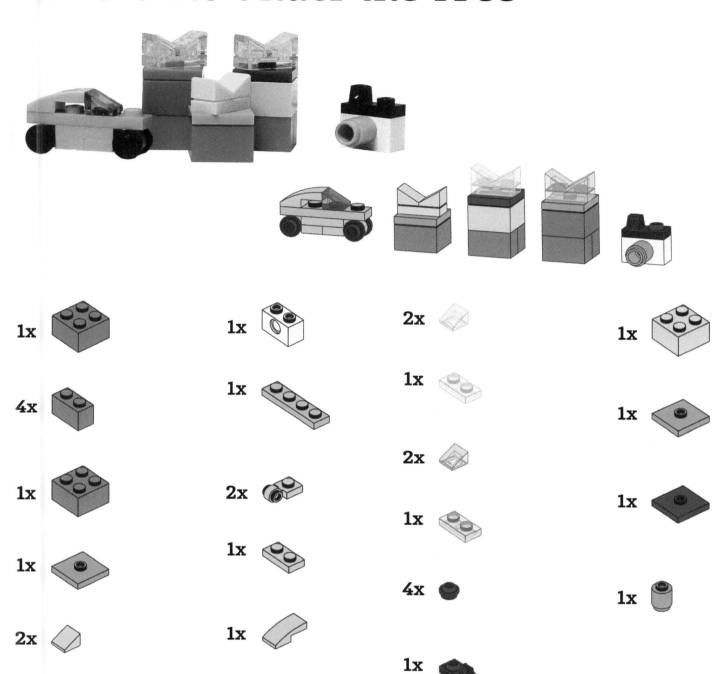

1x

4x

1x

1x

2x

1x

1x

1x

2x

1x

1x

1x

2x

1x

2x

1x

4x

1x

1x

1x

1x

1x

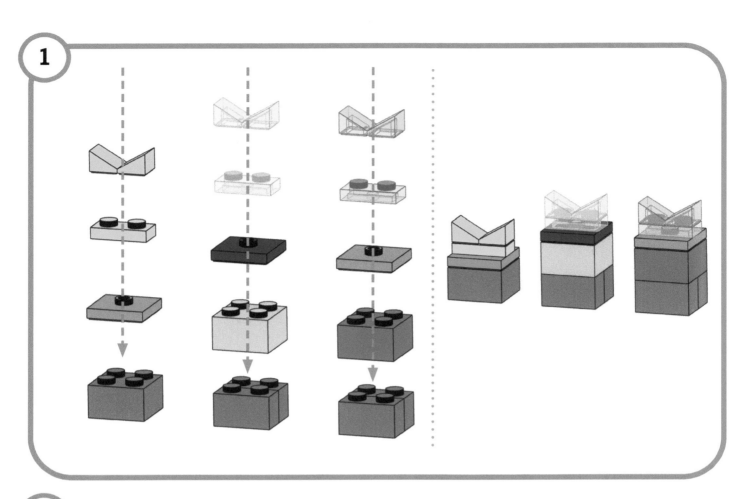

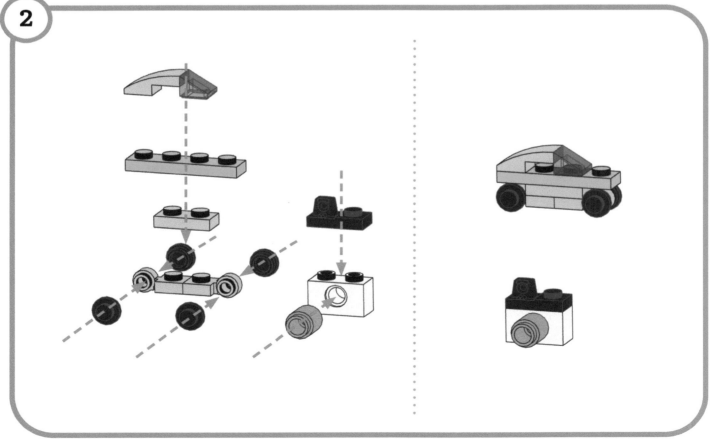

Build a Fireplace with Stockings

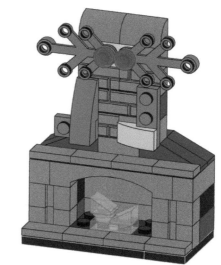

1x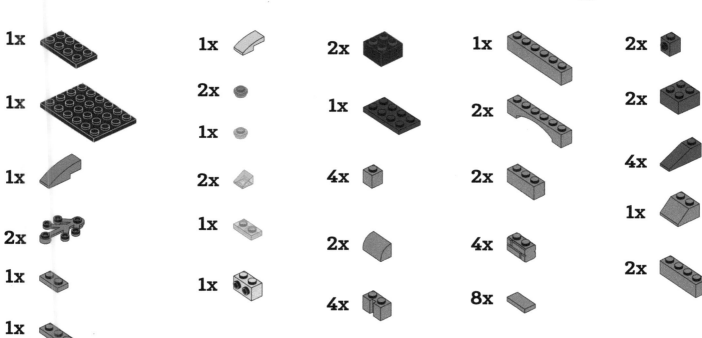
1x
1x
2x
1x
1x

1x
2x
1x
2x
1x
1x

2x
1x
4x
2x
4x

1x
2x
2x
2x
4x
8x

2x
2x
4x
1x
2x

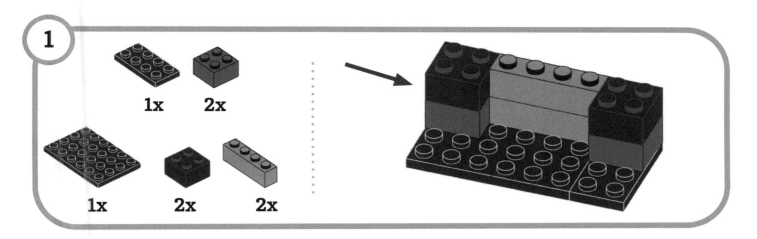

1

1x   2x

1x   2x   2x

2

1x 1x 1x 2x 4x

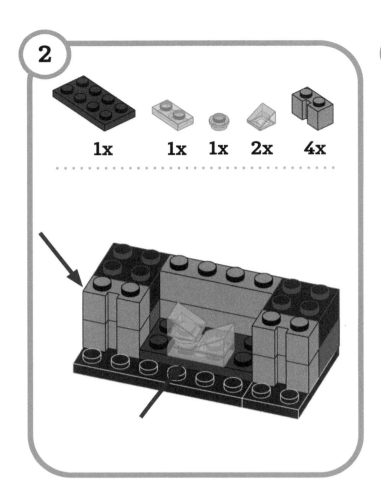

3

1x 2x

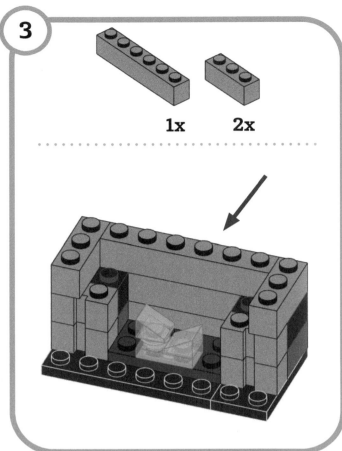

4

2x 4x

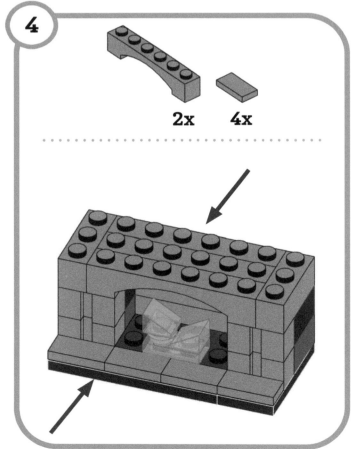

5

1x 4x

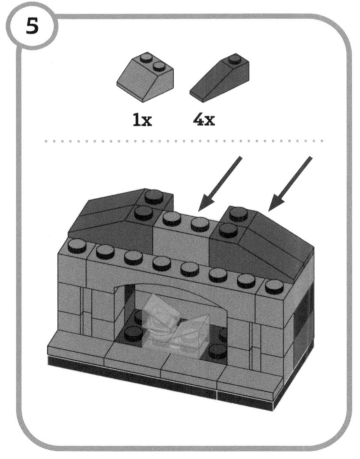

6

4x 2x 2x 2x

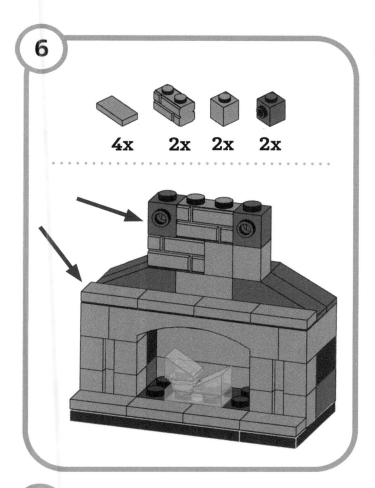

7

2x 2x 1x 2x

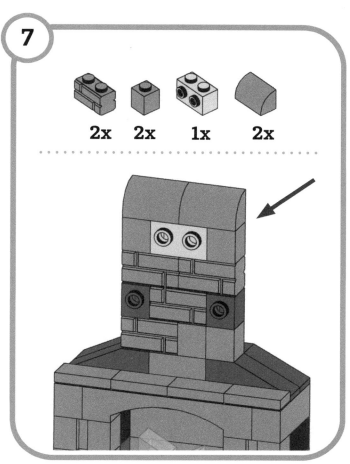

8

1x 1x 1x 1x

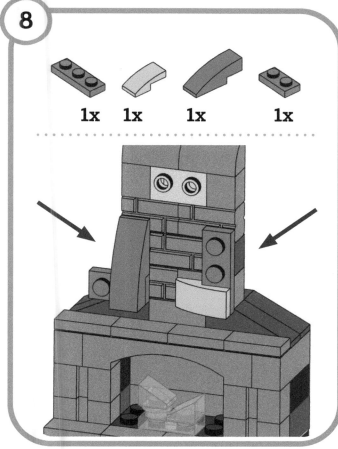

9

2x 2x

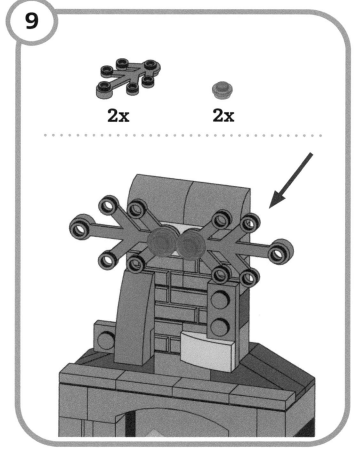

Build a Chair and Snacks

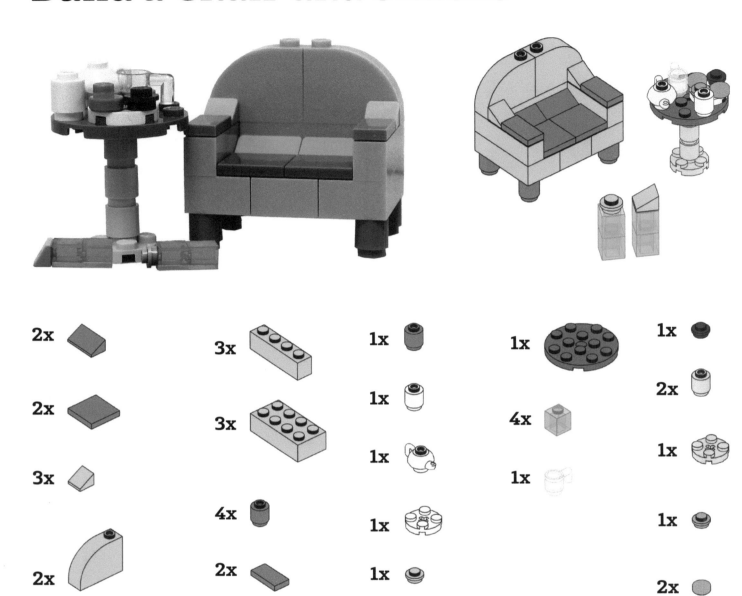

2x

2x

3x

2x

3x

3x

4x

2x

1x

1x

1x

4x

2x

1x

1x

1x

4x

1x

1x

1x

2x

1x

1x

2x

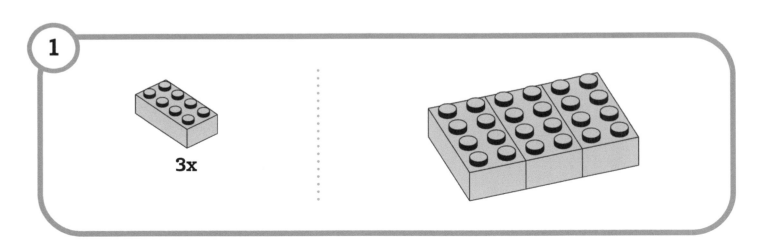

1

3x

2

3x

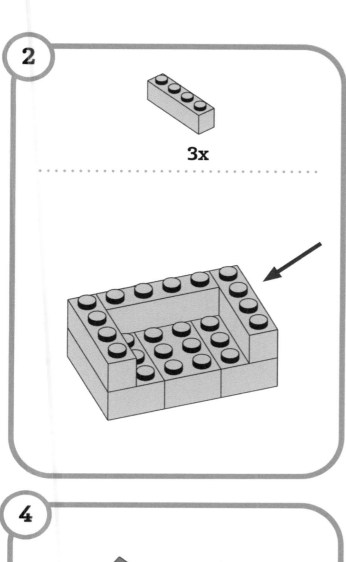

3

2x   2x

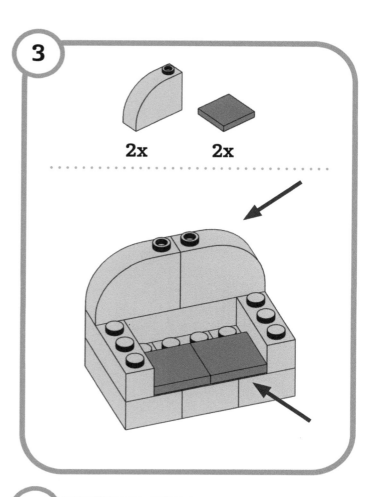

4

2x   2x   2x

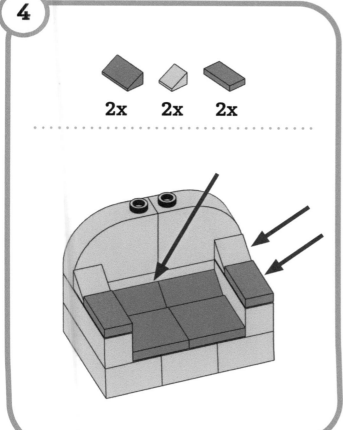

5

4x

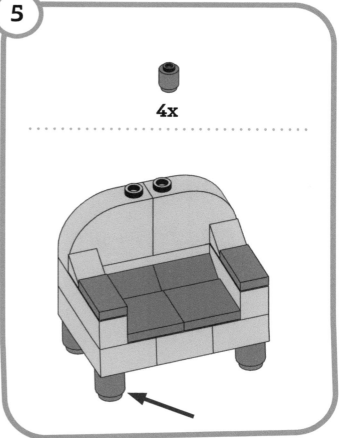

6

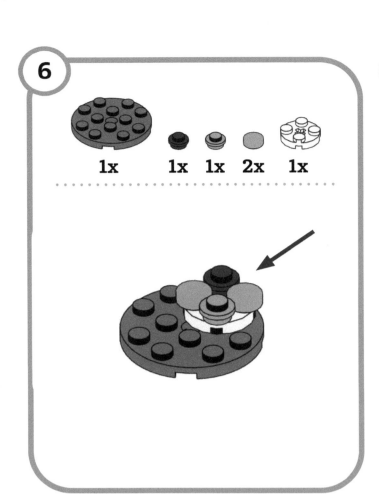

1x   1x   1x   2x   1x

7

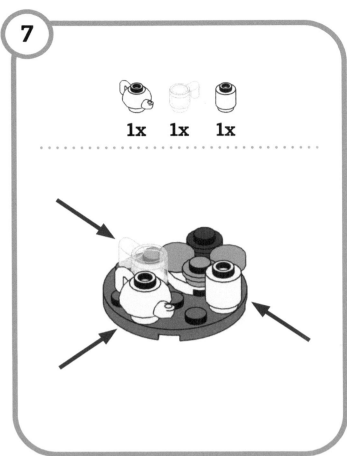

1x   1x   1x

8

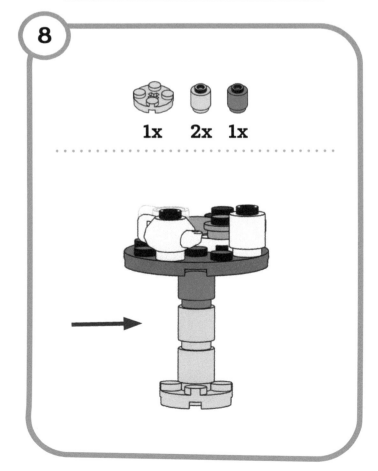

1x   2x   1x

9

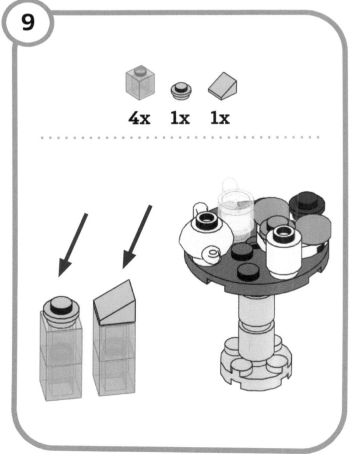

4x   1x   1x

Build a Sleeping Dog

1x 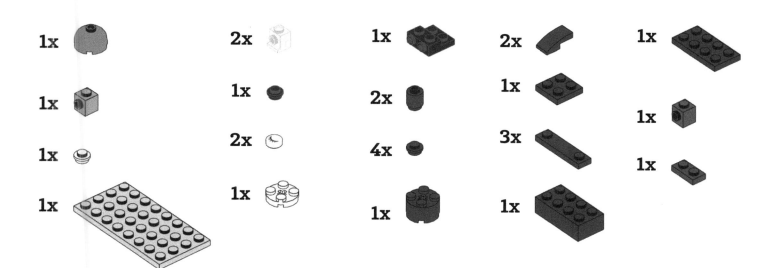 2x 1x 2x 1x

1x 1x 2x 2x 1x 1x

1x 2x 4x 3x 1x

1x 1x 1x 1x

1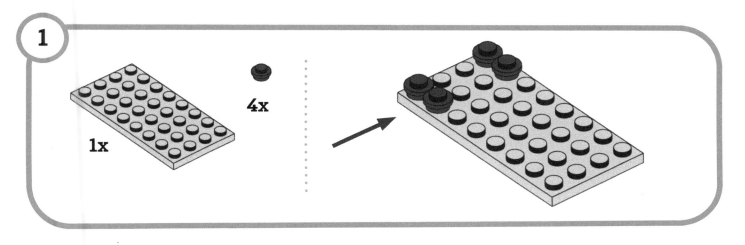

1x 4x

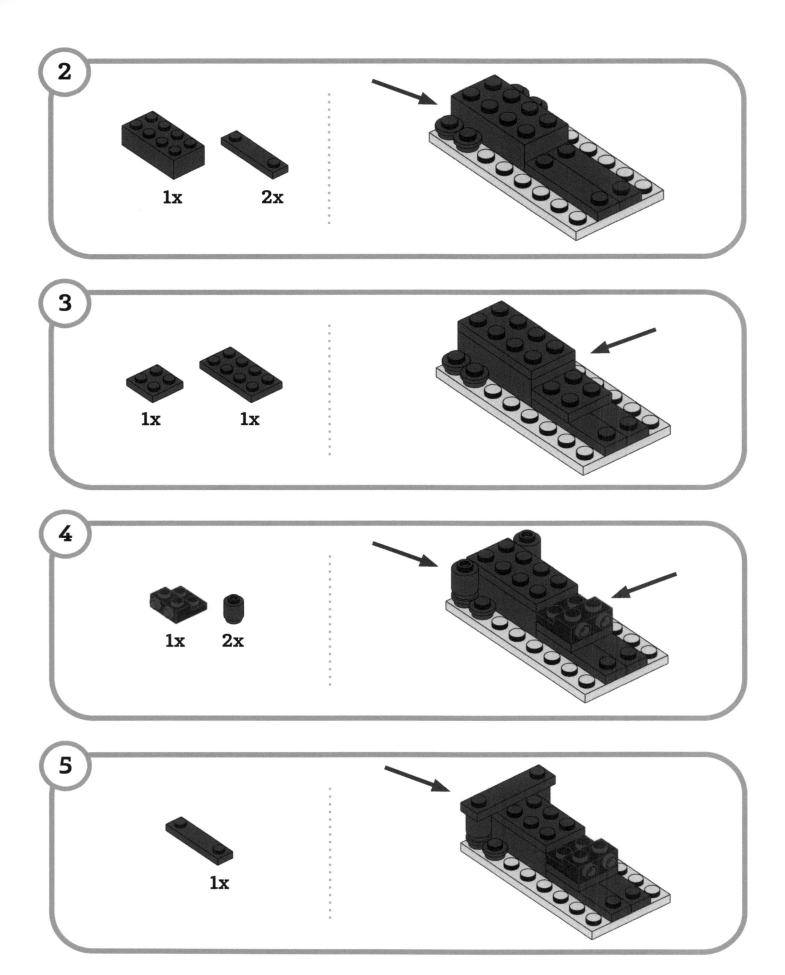

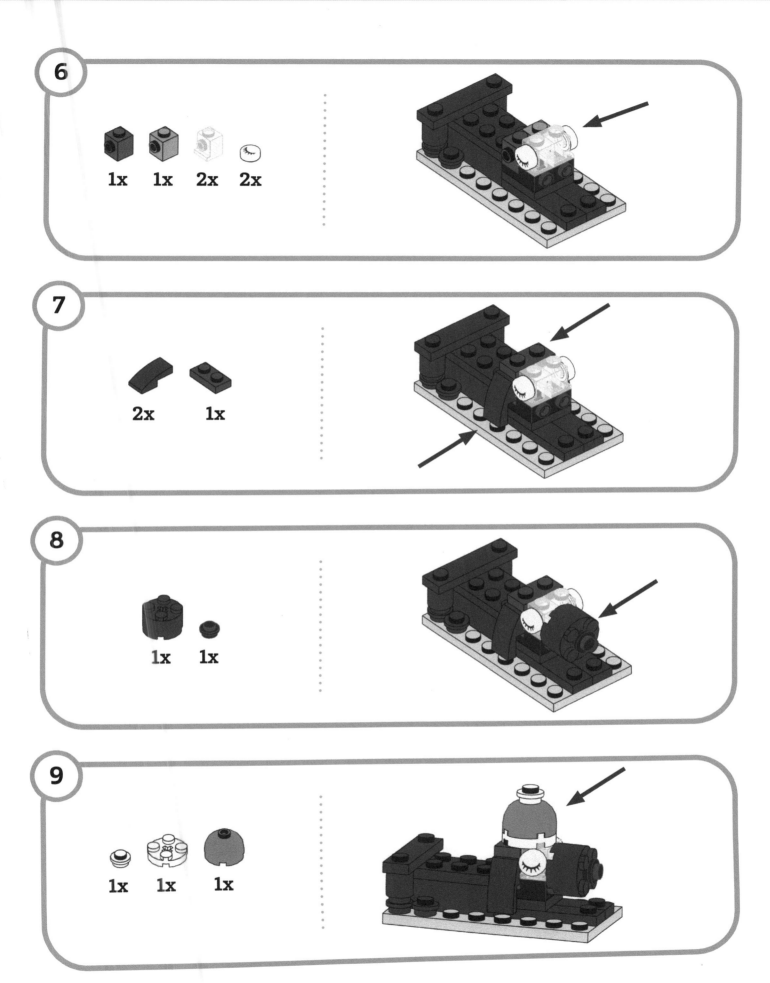

6   1x 1x 2x 2x

7   2x 1x

8   1x 1x

9   1x 1x 1x

© 2021 by Jennifer Kemmeter

Library of Congress Control Number: 2021938283
ISBN: 9781513218649 (paperback) | 9781513218632 (hardbound) | 9781513218625 (e-book)

Graphic Arts Books
is an imprint of

WEST MARGIN PRESS

WestMarginPress.com

WEST MARGIN PRESS
Publishing Director: Jennifer Newens
Marketing Manager: Alice Wertheimer
Project Specialist: Micaela Clark
Editor: Olivia Ngai
Design & Production: Rachel Lopez Metzger
Layout by Vicky Shea

Proudly distributed by Ingram Publisher Services.

LSI2021

The following artists hold copyright to their images as indicated: darko m / shutterstock.com; Quarta/ shutterstock.com; Kaikoro / shutterstock.com; Elvetica / shutterstock.com

The author thanks the LDraw community for the parts database it makes available, which is used for making instructions found in the book. For more information on LDraw, please visit ldraw.org.

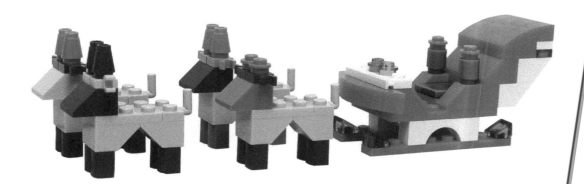

Make sure your Build It! library is complete

○ Volume 1

○ Volume 2

○ Volume 3

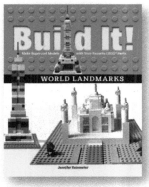

○ World Landmarks

○ Things that Fly

○ Things that Go

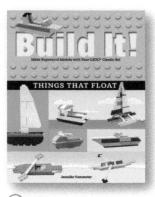

○ Things that Float

○ Robots

○ Farm Animals

○ Dinosaurs

○ Trains

○ Sea Life

○ Monsters

○ Wild West

○ Medieval World

○ Race Cars

Visit WestMarginPress.com for more titles in the series

CPSIA information can be obtained
at www.ICGtesting.com
Printed in the USA
BVHW020232171021
619069BV00004B/12